斎藤一人

人生がなぜかうまくいく人の考え方

斎藤一人 著
舛岡はなゑ 監修

プレジデント社

人間の人生や運命を決めるのは、何でしょうか?

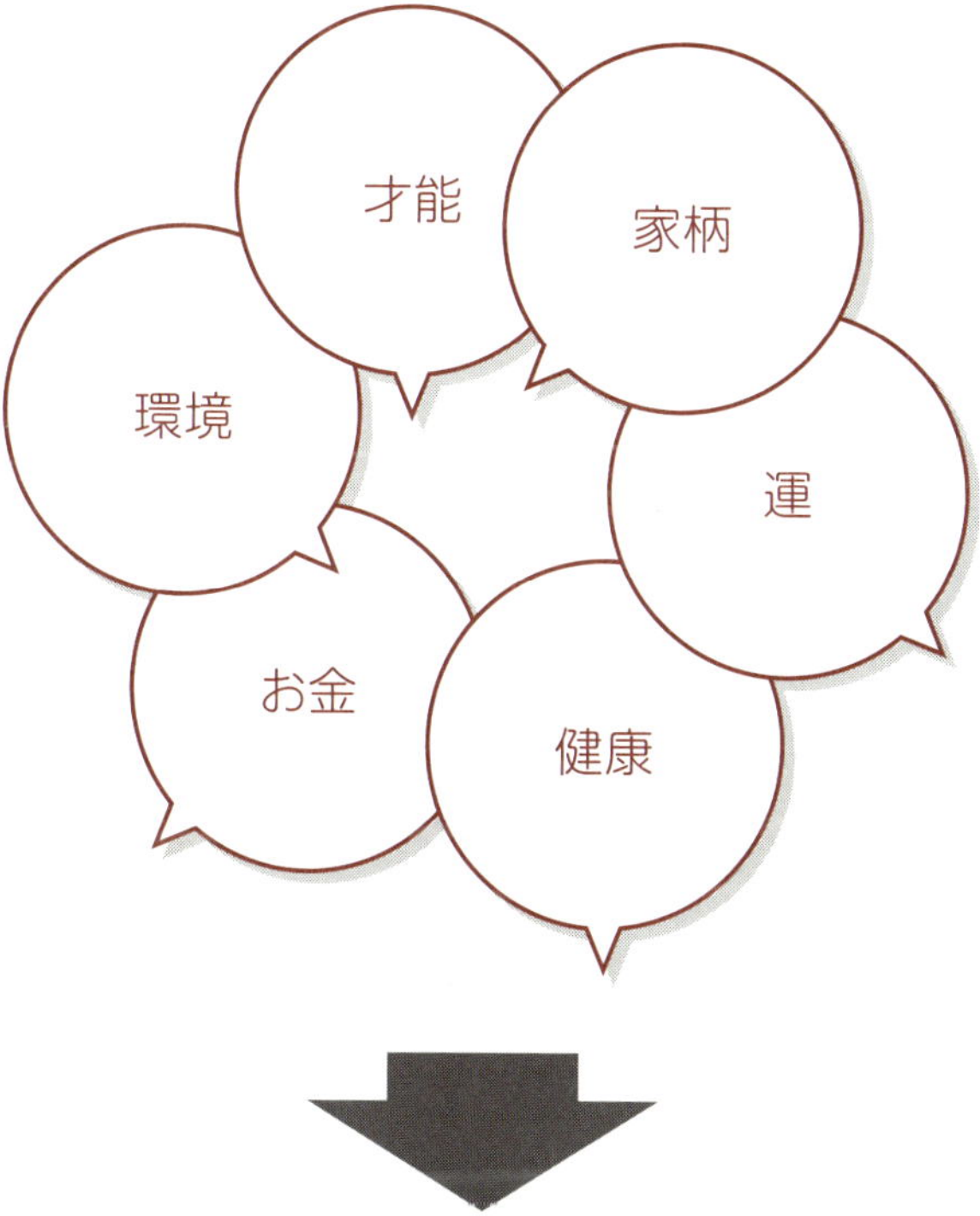

違います。

「思い」です。
「思い」こそがその人を創り、
人生や運命を決定づけるのです。

では、「思い」とは、一体何なのでしょう？

「思い」とは、心の畑に蒔《ま》く
タネのようなものです。

心の畑に人を妬《ねた》んだり、恨んだりといった
「悪いタネ」を蒔けば……

現実でも悪いことが起きます。

心の畑に、人の幸せや成功を願う
「良いタネ」を蒔けば……

良いことが起きます。

中には、どんなに良いことを思っても、
うまくいかない人がいます。

うまくいくとイメージして
プロポーズしたのに
なぜ、フラれた?

それは、うまくいかないとすぐに、
「悪い思い」に
とらわれてしまうからです。

結婚してください
NO!
またフラれるんじゃ
ないだろうか……

「失敗しても、
次はきっとうまくいく。
なんとかなる」
と思い続ければ、

きっと次はうまくいくさ

必ずうまくいきます。

いい「思い」を持ち続けることで
必ずうまくいくようになります。

監修者の「はじめに」

私の師匠である斎藤一人さんは、いつもこう言います。

「私たちは、幸せになるために生まれてきたんだよ」

さらに、こう続けます。

「幸せになるのは『権利』じゃない。『義務』だよ。
もっと言えば、それは**神様との『約束』なんだよ。**
もし、世界中の人が自分自身を幸せにできたら、すべての人が幸せになれるよね。

それが、『この世を天国にする』ということであり、あなたの『使命』なんだよ」


ここで、質問です。

あなたは今、幸せですか?


この問いにもし、自信を持って「はい」と答えられなかったとしても、それはあなたが悪いわけではありません。

あなたはただ、**間違った「思い」を持ってしまったがために、心に悪いタネを蒔《ま》いて、本当の自分を見失っているだけなのです。**

ではどうすれば、あなたが自分の心に幸せや成功のタネを蒔いて、それを育て、幸せや成功という「果実」を実らせることができるのか。

それが、この本のテーマです。

本来は、弟子の私が師匠の本を監修するなんておこがましいのかもしれませんが、一人さんから名代という名誉を一番に指名された身として、一人さんの教えが読者の皆さまに、より伝わりやすいように、私の解説的な文章を付け加えさせていただきました。

具体的には、第2章と第4章に私の解説を加え、第3章は一人さんの教えを実践的に盛り込んだ私の講演会の内容と、参加者さんにどのような変化があったかについてまとめました。

幸せや成功とは、特別な才能を持った人にしか手にできないものではありません。

どんなにメンタルが弱くても、これまでどんなに人生がうまくいってなかったとしても、あなたの心に素晴らしいタネを蒔いて育てれば、絶対に幸せも成功も手にすることができるのです。

まずはそのことを信じて、本文にお進みくださいね。

舛岡はなゑ

2019年4月吉日

第1章

思いが「すぐに叶う人」「叶わない人」の違い

第2章

うまくいく人は、「運」をこんな風に操っている

第4章 心の闇を祓う「ワクワク」の法則

第1章

思いが「すぐに叶う人」「叶わない人」の違い

思い

心の中で思ったことは、こうして現実になる

一人の人間の人生や運命を決めるのは、その人がどんな才能を持っているかとか、どんな環境で育ったかよりも、もっと大切なことがあるんです。

それは、**「思い」なの。**

「何を思うか」がその人を創り、人生や運命を決定づけるんです。

では、どうやって決定づけられていくかというと、心の中に「畑」があると想像してみてください。

あなたの思ったものが「タネ」となって、心の中の畑に蒔かれていくんだけ

ど、「実際の畑」と「心の中の畑」には大きな違いがあるんです。

それは、実際の畑にタネを蒔いたらそこから芽が出て実っていくけど、心の中に蒔いたタネは、外に実るの。

つまり、**心の中に蒔いたタネは現実となって現れるんです。**

さらにもっとすごいのは、実際の畑に大根のタネを蒔けば大根ができるし、キュウリのタネを蒔けばキュウリができるよね。

でも、心の中の畑に蒔いたものは、私たちが想像もつかないような現実となって実るんだよ。

人のことを恨んだり、妬《ねた》んだりといった不幸のタネを自分の心の中に蒔くと、それが想像もつかないような嫌なこととなって現実に起きます。

人の幸せを願ったり、他人の成功を自分のことのように喜んでいると、自分が想像もできない形で成功しちゃうんだよね。

人生は、「何を思うか」で決まる

ひとり

人の不幸を願うと自分も不幸になり、
人の幸せを願うと自分も幸せになる

神我

私たちの中にいる、すごい神様「神我」

私たちには神様からもらった「思ったことを創造できる」という、すごい力があるんです。これこそが他の動物との大きな違いであり、だからこそ「万物の霊長」と言えるんだよね。

その力の正体が何かというと、私たちの魂というのは神様の〝分《わ》け御霊《みたま》〟なんです。

つまり、私たちの中には**「神我《しんが》」という神がいるんだよ。**

この神様が、私たちが思ったことを現実化してくれているんです。

ただ、私たちには〝自由意思〟というものも与えられています。

だから、「何を思うか」はそれぞれの自由だし、「何を創造するか」も自由です。

ただ、悪いことを思うと悪いことが起こるし、いいことを思うと、いいことが起こるのは確かなことなんだよね。

そうやって人は、起こった出来事から学びを得て、どんどん良くなるようにできているんだよ。

「神我」の力を利用して、思い通りの現実を生きる

いいことを思うこと。いいことを思えば
神様がそれを応援してくれる

忍耐

思いが「すぐに叶う人」と、「叶わない人」の違い

多くの人は起こったことに「一喜一憂」したり、起こったことに対して「これはトクだ」とか「これはソンだ」って思うよね。

でも実は、**起こったことに対して「これはトクだ」と思うからトクするし、「これはソンだ」と思うからソンするんだよ。**

私は中学校しか出ていないけど、起こったことに対してすべて「トクだ」と思ってるんです。

そうすると、トクな結果が出てくるの。

だから「中卒がトクか、それとも大卒がトクか」という話じゃないんだよ。

「それがトクだ」と思っているかどうかの**「思いの違い」なんです。**

私は「お金には不自由しない」と思ってるし、「女性にも不自由しない」と思ってるの。

それが、現実となって起きるんだよ。

では、思えばなんでもすぐに叶うかというと、そうではないんだよね。

思って「すぐに叶う人」と、叶うまでに「忍耐が必要な人」がいるだけなんです。

なぜそうなるのかというと、**心の中に間違った考え方とか、悪いものが溜まってる人は忍耐が必要なんだよ。**

たとえていえば、コップの中に泥水が溜まってるとするよね。

そこに少しずつでもポタポタポタとキレイな水を入れると、すぐにはキレイにはならないけど、いずれはキレイな水で満たされるんです。

それと同じなの。時間がかかるんだよ。

私が天国言葉（※）でも、「百回言いな」とか「千回言いな」とか言っているのはそういうことなの。

※天国言葉…「愛してます」「ツイてる」「うれしい」「楽しい」「感謝してます」「しあわせ」「ありがとう」「ゆるします」

天国言葉を使って、「思い」を浄化する

ひとり

天国言葉は、間違った思いや考え方を浄化する魔法の言葉

一粒万倍

どんなにいいことを思っても、嫌なことが起こるのはなぜ？

人の思いは、拡大します。

「これくらいのことは問題ないだろう」と思っていても、それが拡大して悪いことが起こるんです。

逆に「これくらいのことでは、いいことなんか起きない」と思ってることでも、すごくいいことに拡大することもあるんだよ。

一粒のお米から、稲穂がたわわに実るのと同じ。人の思いは万倍に増えるの。

これを**「一粒万倍」と言います。**

だから、「何を思うか」って、とても大事なんだよね。

いつも自分の心の畑に「いい思い」のタネを蒔いていると、必ずそれはいい形で実ります。

でもたまに「こんなはずじゃなかった」ということが起きるよね。

これは**昔、あなたが蒔いたタネが原因なの。**

今起きていることは、実はあなたが以前に蒔いたタネが実った結果なんです。

蒔かないものは、実らないんだよ。

アサガオのタネを蒔いて、ひまわりが咲くことはないのと同じなんです。

人は、必ず自分の蒔いたタネからできたものを刈り取らないといけないし、自分の蒔いたタネからできたものしか刈り取ることはできないの。

誰かに代わってタネを蒔いてもらうことはできないし、他人が蒔いたタネからできたものを収穫することはできないんだよね。

影響力のある人は、知らないうちに多くの人の畑にタネを蒔いているように見えるけど、そうじゃないの。

その人のことに共鳴して、あなたが「素晴らしい」と思ったことを、自分の畑に蒔いたんだよ。

他人の畑に、タネを蒔くことはできません。

だから、どんなにいい話をしても、共鳴しない人にはいいタネの蒔きようがないんです。

私のお弟子さんたちでも、私から同じ話を聞いてもそれぞれ受け取り方が違うから、微妙に蒔くタネも変わってくるの。

そうすると、結果も微妙に変わってくるんだよね。

今起きていることはすべて、あなたが蒔いたタネが実った結果

ひとり

自分で蒔いたタネからできたものは自分で刈り取らないといけない

行動の星

うまくいかない時は、ダメな考えを打ち消すことから始める

この地球という星は「行動の星」なんです。

行動することで、あなたが思っていたことが正しいか、間違っていたかがわかります。

だから、何かを変えたいと思ったら行動を変えないといけないんだけど、その行動を変えるのも、やっぱり思いが先なんだよね。

心の中に否定的な考えや間違った思いがあると、行動を変えようとしても、すぐ元の考えに引っ張られちゃうんです。

『人は誰でも豊かになれる』って言うけど、そんなに簡単に豊かになれるわけがない」とか「周りを見てても、そうではない」とか。

そういう時は、**元の考えから打ち消さないとダメなの。**

『うまくいく』と思ってやってきたけれども、やっぱりダメだった」とすぐ諦める人には、今まで溜まっている考え方を変える忍耐強さが必要です。

また、間違った考えそのものを打ち消して、「思い」を変えていく必要があるんです。

そもそも「この世の中はうまくいかない」と思ってる人に、「行動しろ」って言っても無理なんだよね。

「きっとうまくいく」とか「なんとかなる」と思っているから、行動ができるんだよ。

基本的な「思い」を変えない限り、人は行動できないんです。

「一生のうちで一度はモテ期が来る」と思っている人には、モテ期は一度しか来ないの。

そして、そういう人は行動しないから、やっぱりモテないんだよね。

でも私は「ずっとモテ期だ」と思ってるから、ずっとモテるんです。

もちろん、行動も伴います（笑）。

その人が「どんな思いを持っているか」で行動は変わるんです。

だからやっぱり、「思い」って大事なんだよね。

否定的な考え方、間違った思いを打ち消すと現実も変わる

行動を変えるにもまずは「思い」から。
「思い」が変われば、
行動が変わり結果が変わる

許す

「心の広い人」とは、「自分も他人も許せる人」

私が「心の中に畑があるんだよ」って言うと、中には自分の家の近所の小さい畑を想像する人もいるし、北海道の大きな畑を想像する人もいるんです。「こぢんまりした、小さい畑に幸せのタネを蒔こう」というのもいいし、「東京ドーム10個分ぐらいの大きな畑にタネを蒔くぞ」っていうのもアリなの。

では実際、心がどれくらい広いかっていうと、地球がすっぽり入っちゃうくらい広いんだよ。

だからあなたがタネを蒔こうと思えば、無尽蔵に蒔けるんです。

「自分の畑はこれくらいだから」といって、自分で制限をかけてしまうのはもったいないよね。

よく「あの人は心の狭い人だ」とか「あの人は心の広い人だ」って言うけど、**心の狭さや広さは、自分の「思い」が狭いか広いかで決まるんです。**

本来は誰もがものすごく広い心を持っているのに、自分の心の一部分しか見えてないいんだよ。

心をゆるめていると、いろんなことが見えてきます。

すると、自分のことも許せて、他人のことも許せるようになる。それだけで心が広がるんです。

許せることが多いと、それだけタネを蒔ける場所も広がるから、収穫が多くなるんだよね。

心の広さは、心の豊かさにもつながるんです。

「自分はダメだ」「アイツは許せん」をやめる

ひとり

自分も他人も許せる人に、真の豊かさはやってくる

因果応報

過去に過ちがあっても、悪いことを引き寄せなくてすむ方法

自分で蒔いたタネは自分で刈り取らないとダメなの。
それが「因果応報」という、この世のルールなんです。
ただ、必要以上に因果を恐れる必要はないんだよ。
因果を光にたとえると、その光の大きさはお線香ぐらいなんです。
それに対して「楽しい」とか「ワクワク」の光は太陽ぐらい明るい光なの。
だから、**楽しく過ごしていれば、因果っていうのは消えるんだよ。**
それと、それも結局は「思い」なんだよね。

「因果って嫌なものだ」と思っていると、すごく嫌なことが起きるんだよ。

ところが「因果って、お線香の光ぐらいで、それに比べて『楽しい』とか『ワクワク』の光は太陽ぐらい強い明るさなんだ」って思ったら、もうそれで因果に負けてないの。

だから、結局人間は、「何を思うか」なんだよ。

実際に、「楽しい」とか「ワクワク」の考え方の方が上なんです。

ところが中に「否定的な考え方の方が上だ」って思っちゃう人がいるんだよ。

そうなると、その人の人生はやっぱり、その人の思っているような否定的なことが起こるんです。

本当の「因果の法則」っていうのは、そういうことなんです。

「思いが実る」それだけなの。

思ったことが原因で、その結果が現実なんです。

「自分が過去に何かやってしまったこと」という因果の解消を、多くの人は「必ずやらないといけない」と思っているけど、そうではないんだよ。

自分が思ったことにずっと執着して、その考えをずっと手離さずに持っていたり、自分を責め続けたりしていると、それが現実となって現れるの。

だから、**間違ったことは手放して、思いを変えていかないと、いつまでたっても因果が続いちゃう。**

それで余計に因果を恐れちゃうんだよね。

因果が怖いっていうのは、「夜が怖い」って言ってるのと同じなんです。

それよりも、**夜っていうのは暗いから「夜になるとよく眠れる」とか、そう思った方がいいの。**

それと私たちがいいことを思うと、思ったことがいつ実るかっていうと、蒔かれたタネは一旦土の中に入るんです。

そして、土の中から栄養をもらって芽が出るんだよ。
つまり、寝てる間に、自分が願ったことが現実に引き寄せられるの。
だから夜は夜で、とてもありがたいものなんです。

因果は恐れなくていい。いい思いに変えていくと悪いことは逃げていく

因果はありがたいもの。間違った考えは手放し、いい思いに変える

最善

「どうすれば幸せになれるの？」と考えてはいけない

「人がなぜ眠るのか」というのは多くの学者が研究していて、いまだにハッキリした理由がわかってないんだそうです。

よく「脳や臓器を休めるためだ」っていうけど、脳や臓器の動きが止まると人は死んでしまうから、活動していてもちゃんと休む時は休むようになってるんだよね。

でも一つ、ハッキリしていることがあります。

それは、**「寝ている間は何も考えてない」ということです。**

人が寝ている間、魂の大元である〝親神さま〟から、人の〝内なる神さま〟である「神我」に対して、様々な指示が出るんです。

だから、寝てくれないとその人がいろんなことを考えちゃって、親神さまの声をちゃんと受け取れないんだよね。

寝てる時の方が「神我」が働きやすいの。だから病気でも寝てる間に治るんだよ。

それで、「寝る前に何を思うかが大事」ってよく言うんだけど、私はそれより**「起きている時に何を思うか」の方がもっと大事だと思うの。**

だって、起きている時に思ってないことを、夜寝る前に思ったってしょうがないよね。

結局「神我」は愛で出来てるの。

だから「人に幸あれ」とか「自分にも幸あれ」とか愛あることを思っている

と、より「神我」との一体感を感じることができるんだよ。

でも逆に、否定的なことを考えたり「あいつは嫌な野郎だ」とか愛のないことを考えていると、「神我」がちゃんと働けなくなるんです。

それと「神我」という、自分の中にいる神は最善を知っているんです。でも私たちは最善を知らないんです。だからあなたは自分で「どうなるんだろう？」とか「どうすれば幸せになれるんだろう？」って考えない方がいいの。

最善とは、あなたが考える以上のことなんです。つまり、**「神我」は想像もできない方法であなたの問題を解決してくれるんだよ。**

いつまでもクヨクヨ考えているよりも、昼間は自分にもよくて、周りにもよくなるように、愛をもって一生懸命にすごす。

そして、夜は疲れて寝ればいいの。

そうすれば、すべてはうまくいくようになっているんです。

「自分に幸あれ」「人にも幸あれ」で、神我に存分に働いてもらう

ひとり

昼間は愛をもって一生懸命にすごす。夜は疲れて寝ること

成功

いつも機嫌の悪い上司が、出世するのはなぜか？

いつも機嫌が悪い上司っているよね。

こういう人は、「機嫌を悪くしていないと、部下になめられるから成功できない」と思っているんです。

ただし、いつも機嫌の悪い人でも、成功してる人はいます。

だけどそれは「機嫌が悪いから成功した」のではなくて、**「成功を想像したから」成功したんです。**

でもどうせ成功するなら、機嫌が良くて、楽しくしていた方が、自分にも周りにもいいんだよね。
それに、周りに迷惑をかけながら自分が成功しても、その人は幸せにはなれないよね。
幸せじゃなくても、お金持ちはいるの。
でも周りに嫌われながら、幸せにはなれないんだよね。
お金を持っていても、不幸な人はいくらでもいるの。
お金だけ持ちたいのなら、それでもいいんだよ。
でもそこまで願うなら、もっと人に好かれて、自分も楽しくなった方がいいよね。

同じ成功するなら、機嫌が良くて、楽しく成功する人になろう

お金持ちでも幸せでない人はいる。せっかくなら人に好かれながら楽しく成功しよう

豊かさ

競争に勝ったから豊かなのではなく、豊かな考え方だから豊かになった

「世の中は競争だ」と思っている人がいます。

そういう人は「人と打ち勝って、その競争に勝った人が成功する」って思ってるの。でもそうじゃないんだよ。

有限なものを取り合う時には、競争が必要なの。

でも、この世の富っていうのは無限なんです。

ダイヤモンドでも、金でも、毎年掘り出されているよね。

そのダイヤモンドや金を、あの世に持って行った人は1人もいません。

ということは、年々増え続けているんです。

だからこの地球は、年々豊かになっています。それも無尽蔵に。

「お金は一部の大金持ちが握ってる」って言うけど、その人は自分のお金を銀行に預けてるの。

そして、銀行は預かったお金を他の人に貸したりして、使ってるんだよ。

この世の中には、「絶対になくならない」っていう法則があるんです。

だから、「この世の中に豊かさはいくらでもあるんだ」とか「この世は豊かさに満ちあふれているんだ」と思っている人は、豊かな考えだから、豊かな知恵が出てくるんだよ。

「人を蹴落として」って、考え方が貧しいよね。

昔は中国でも餓死者が出るぐらい貧しかったんだよ。

それが今はものすごく豊かなんだよね。

13億の人口のうち、1億人ぐらい富裕層がいるって言われてるの。

つまり、日本の人口に近いぐらいのお金持ちがいるんだよ。だからといって、それで誰かが困るわけではないよね。富はいくらでもあるんだから。

神様にしてみれば、「たんぽぽを1つ作る」のも「1人の人間を大金持ちにする」のも変わりがないの。

どちらも神様にしてみれば「すごいこと」ではありません。神様にしてみれば、たんぽぽを作るのも、桜を作るのも、お金持ちを作るのも同じなんです。

その逆に「私の畑は実らないんだ」とか、愚痴や泣き言を言っている人には、その通りに不幸を出すのも簡単なんです。

それだけのことです。

神さまのすることは、決して難しいことじゃないんだよ。

愚痴や泣き言をやめて、豊かな考え方をすると豊かになれる

ひとり

富はいくらでもある。みんなが豊かな考え方をすれば、みんなが豊かになれる

笑う

成功するのに、苦労も忍耐も必要ない

今、私たちの間で「大笑参り《おおわらいまい》」（※巻末参照）というのが、すごく流行ってるんです。

この**「大笑参り」をしていると、物事を悪い方に、悪い方にと考えていたことが、良い方に考え始めるの。**

「こうなったらどうしよう」という口癖の人が、「なんとかなる」に変わるんだよ。

その人の思いが変わっちゃうんです。

人の思いが変わるってすごいことなんだよ。

私が普通の人と違うのは、子供の頃からそれを知っていたの。

だから、**子供の頃から親がなんと言おうと、先生がなんと言おうと、自分の人生は必ず良くなるって思ってたんです。**

なぜそうなるかを簡単に説明するよ。

たとえば、日本から船でハワイに行こうと思って、舵を常にハワイの方に向けていたら、最後には必ずハワイに着くんだよね。

これと同じで、その方向に意識を向けていたら、必ず叶うんです。

何度も言うよ、**大切なのは「思い」なんです。**

私の思いの中に、苦労っていう言葉はないの。

だからよく「中学しか出ていなかったら、よほど苦労されたんでしょう」と思われるけど、それはその人が「苦労しなければ出世はできない」と思っているからそう言うんだよ。
楽しいことをするのに、忍耐も苦労も必要ないんです。
間違ったことを考えてるから、忍耐が必要になってくるんだよ。
「なんとかなる」って思っているだけで、すごく豊かなんです。
だから、豊かなことが起きるんだよ。

「なんとかなる」と思うから「なんとかなる」

ひとり

苦労しなきゃ成功しないと思うと苦労する。
「人生、良くなる」が成功への第一歩

不労所得

こう考えれば、働かずにお金が入ってくるようになる

どれだけ「貧乏は嫌だ」とか「お金持ちになりたい」と思っても、お金に対する間違った思い込みがあると、お金って入ってこないんです。

中でも多いのは、不労所得のような、働かずに入ってくるお金に対しての偏見なの。

特に日本人は、「働かざるもの食うべからず」という考え方の人が多いよね。

働いた方が良いのは確かなんだけど、そういう人の中には不労所得や、働かないで得たお金を「ずるいもの」「汚いもの」という「思い」があるんだよ。

そうすると、自分のところにラッキーで入ってくるお金も、入ってこなくなるんです。

それとね、不労所得っていうのは「あぶく銭」だから、すぐになくなっちゃうの。でも、そこがいいんだよ。

たとえば株が上がって儲《もう》かったから、「娘にロレックスの時計でも買ってあげよう」とかってするんです。そうやって消費が生まれるんだよ。

でも不労所得がいけないってなると、誰もが入ってきたお金を使わなくなって、世の中は不景気になっちゃう。

不労所得がある人って、それだけ徳がある人なんだよね。

だから、それはそれでいいの。

江戸時代に幕府は「贅沢《ぜいたく》禁止令」とか出したんだけど、絹を作っている人は、それでやっと生活を支えてたんです。

それなのに買える人に買わせないっていうのは、下の人の生活を苦しめるだけなんだよ。

だから、豊かな人はもっと豊かに使えばいいんです。そうすると、絹を作ってる人も豊かになれるんだよ。**贅沢を禁止しちゃダメなの。**

私たちの着る服って、洗い替えがあればいいから2枚あれば事足りるんです。でも、女性はオシャレをしたいから、3枚でも4枚でも服が欲しいの。

そうやって、服が欲しいから一生懸命に働いて稼ぐし、そのお金で服を買うと、服を作っている人の生活も潤うの。みんなにいいんだよね。

あなたが豊かにしていることが、人を豊かにするの。

それを、「あいつだけ豊かになりやがって」って思うけど、その人が豊かになれたんだから「次は自分の番だ」って思っていればいいんだよ。

「よかったね」でいいんだよ。

誰かが豊かになったら、「次は自分の番だ」で あなたも豊かになれる

ひとり

不労所得はいいもの、と考えると
お金は自然と入ってくる

嫉妬

一人さんがたった5人の会社で、納税額日本一になれた理由

お金持ちに対して嫉妬したり、妬んだりする人がいるんだけど、そういうのは貧しい考え方なんだよね。

貧しい思いをしてるから、貧しいことが起こるんだよ。

「悪いことは何もしてないのに、なんで私は貧しいの」って思うかもしれないけど、あなたが何を思うかの方も大事なんだよ。

下町で育った人が、成功してお金持ちになったら、ほとんどの人が下町から逃げていくんです。

なぜかというと、みんなが質素な暮らしをしている中で、その中から1人成功する人が出て来ると、妬みがすごいんだよ。

もちろん、全員がそうではないけど、下町の多くの人は自分と同じぐらいかそれより貧しい人にはすごく優しいの。

でも、そこから一歩でも抜け出すと、妬まれるんです。

さらに言うと、それが逆に自分たちを苦しめていることに気づいてないの。

だから、いつまでも貧しい暮らしから抜け出せないんだよね。

そんな中、私は下町出身で今も下町に住んでるけど、誰からも妬まれたことがないんです。

なぜかっていうと、**私は「人から妬まれない」って思ってるの。**

だから、実際に私のことを妬んでる人がいたとしても、「その人が私のことを妬んでいる」とは認めません。**「その人はいい人で、陰では私のことを褒め**

ている」と思ってるんです（笑）。

実際にどうかは関係ないの。

大事なのは**「自分がどう思うか」だから、どうにでもなるんです。**

常に、「一つ上を行く思い」をすればいいんだよ。

私はたった5人の会社で、納税額日本一になりました。なぜそんなことができたのかと言うと、「この5人なら充分だ」と思っているからなんです。

だから、「すごい人を引き抜いてこよう」とは思わないの。

最初から、うちにはすごい人が来てると思ってるからね。

もっと言うと、私には「神という経営コンサルタントがついている」と思ってるんです。

その神さまがお給料として何を求めるかっていうと、私の幸せなんです。

私が豊かな気持ちでいるとか、幸せにしていることなんです。

「私は人から妬まれない」で妬まれることはなくなる

ひとり

人がどう思っているかは関係ない。
自分がどう思うかで、人生は決まる

無知

悪口を言われても、言い返さない人にいいことが起こる

人から悪口を言われたり、バカにされたからといって、そのことを気にしたり落ち込むと、自分の畑に悪いタネを蒔いてしまうことになるんです。

そもそも悪口は、言った方が負けなの。

いくら相手から言われても、自分が言わないでいると、言わない方にいいことが起こるんだよ。そういう法則になっているの。

悪口を言われてそれに言い返すのは、その人と一緒にビルから落ちるのと同じなんだよ。

世の中には不幸な人がいっぱいいるんだけど、他人はどうあれ、まずは自分の思いを変えるのが先決なんです。
それを他人の不幸を見て「あの人はどうして、あんなことをするんだろう」と考えてイライラしたり、怒ったり、悲しんだりすること自体が、自分の畑に不幸のタネを蒔いているのと一緒なんだよね。

世の中で一番不幸な事は、「無知」なんだよ。

私たちは無知を解消するために本を読んだり、勉強するようになってるの。でも知識を得て、それで「自分は賢くなった」と思って威張ったり、人のことをバカにするのも無知と一緒なんだよね。
だって、威張ったり、人のことをバカにするのは、「自分の庭に不幸のタネを蒔いていること」と同じなんだから。

威張ったり、人のことをバカにしない

ひとり

威張ったり、人のことをバカにすると必ず自分に返ってくる。注意しよう

使命

誰かを恨んでいるのなら、今すぐその人を許しなさい

「使命」というと、「誰かの役に立つこと」とか「地球を救うこと」って思う人も多いよね。

もちろんそれはそれで尊い考えだけど、それよりもっと基本的な使命が人にはあるんです。それは、**「自分にとってワクワクして楽しいことをすること」**。

これが、その人に与えられた使命なんだよ。

あなたがどれだけ不幸な人を助けたいと思っても、自分で蒔いたタネは自分で刈り取らないといけないし、自分以外の人の庭にタネを蒔くことはできない

んだよね。

あるいは、「あんなマジメな人が不幸だなんて、この世の中は矛盾だらけだ」って言う人がいるけど、「矛盾だ」って言うことで、自分のところに不幸のタネを蒔いていることに気づかないんだよ。

私は別に「人の心配をするな」って言いたいんじゃないの。

その人たちは悩んだり苦しんだりしながら、最終的には自分の心の中にある「神我」に到達するんです。

だから、自分は自分の「神我」に到達する道を歩めばいいんだよ。

人のことを恨んだりするのも、人のことを呪ったら、呪った分だけ自分の畑に悪いタネを蒔いているのと一緒だよ。

だから、人を呪っている限り、苦しみは続くの。

あなたに恨まれるようなことをした人は、そのことで自分の畑に不幸のタネを蒔いたんだから、その人自身が必ず刈り取ることになるんです。

だからあなたはあなたで、自分の蒔いたものを刈り取る。

あなたが苦しいのは、その人のことが許せないからだよね。

まずは、その人を許せない自分を許す。

そうすれば人を許せるようになる。

苦しくなるぐらい人を恨んでいるのなら、その人のことを許したら思いっきり楽になるよ。

神は「許し」だから、「神我」に到達したら、必ずそのことがわかるんです。

神は「許し」。人を許すとラクになる

ひとり

人を恨んだり呪ったりしても苦しみはなくならない。許すこと

環境

環境が人を作るのではない。「思い」なんです

多くの人は「環境が人を作る」って思ってるんだよね。
ところがそうじゃないんだよ。
どんな環境でも偉くなったりとか、幸せになる人はいるんです。
だから環境って関係ないんです。
うちに兄弟はたくさんいたけど、すごく出世したのは私1人なんだよ。
だから環境が問題じゃないの。**その環境をどう思うかなんだよ。**
誰の心の中にも畑があって、その畑に何を蒔くかなんです。

「明るくて楽しくて豊かなタネ」を蒔くと、「明るくて楽しくて豊かな人生」を送れるんだよ。

私は普段の仕事の時でも、会社に行って社員の仕事をチェックしたりとか、商品開発のための研究とかもしてないの。

その代わり、日頃から明るく楽しくしています。

そうすると、社員さんも明るく楽しく仕事をしてくれるし、自然と商品開発の知恵や情報がどこからともなくやって来てくれるんです。

今、ここに書いてることも「これはいい話だから、自分の本を書く時のためにとっておこう」って思わないんだよね。

じゃあ、自分の本を書く時にはどうするかというと、その時には必ず、新しい知恵が湧いてくるの。

だって、心が豊かだから。

「ここで出さない方がトクだ」とかやってると、そういうケチくさい考え方からは、ケチくさい結果しか生まれないんだよ。

「納税額日本一」ということは、「日本一の考え方をしてる」っていうことなんです。

ひまわりのタネを蒔いたらひまわりの花が咲くように、豊かな思いは必ず、豊かな現実を引き寄せるんだよ。

「こっちの方がトクだ、ソンだ」をやめる

環境のせいにしない。
「心の畑」に豊かなタネを
蒔くことに集中する

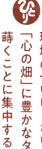

根元

意地悪な考えを持ってしまった時は、こう否定する

人間というのはね、「心の思い」次第なんです。

だから「暗くて重い思い」をしている人は、風船の中に泥水を入れているのと一緒なの。重くて下に下がっちゃうんです。

それに対して、明るい考え方をしていると、「あ、かるい」と言って、空気が風船の中に入って浮くんだよね。

生きている間は、人ってひもに結ばれてるから飛ばないけど、死んで手を離されると、暗かった人はずっと地獄に落っこちて行っちゃうの。

でも、明るい人はス～ッと天国に上がって行くんだよ。もう一度言うけど、「思い」っていうのはね、心の中に畑があるのと同じなの。

その畑に楽しいこととか豊かなことを蒔くと実るんだけど、**実った時に心に実るんじゃないの。現実に実るんだよ。**

暗いこととか悲しいことを考えていると、本当に暗くて悲しい嫌な奴が出て来たりとかして、思ったことが現実になるんです。

さらに言うと、タネっていうのはたった一粒のタネでも万倍にも実るんだよ。だから、「これくらいならいいだろう」と思って話していることが、とんでもないことを引き起こすんです。

逆に、ほんの些細《ささい》なことが、素晴らしいことに変わったりするんです。

誤ってへんてこりんな間違った考え方をしてしまった時は、**根元から抜いちゃうの。**

つまり、否定するんだよ。
否定的な思いが浮かんできたら「それでも、なんとかなる」と言って、その都度、打ち消すんです。

それで、明るく楽しいことを考えるの。
そうすると、現実が変わっちゃうよ。
現実とは、この世の思いなの。
あなたが思っていることが、現実を創っているんです。

毎日、明るく楽しいことを考えて、明るく楽しい現実を創る

ひとり

「思い」は風船と同じ。明るい思いは「あ、かるい」と言って上に向かう

第2章

うまくいく人は、「運」をこんな風に操っている

ひとり

はなゑ解説

強運

宝くじに100回はずれても「強運だ」と思える人が本当の強運の持ち主

はなゑちゃんは、周りの人たちから「すごい、強運の持ち主ですね」とよく言われるんだそうです。

なぜかというと、講演会や旅行で出かけると必ずと言っていいほど晴れるし、今まで一度も、悪天候で行けなかったり、中止になったことはないそうです。

先日もノルウェーでオーロラを見るツアーに参加したとき、気象条件が整わないと見ることのできないオーロラを、3日間とも見ることができたんだそうです。

ではなぜ、はなゑちゃんがこんなに強運なのかというと、本人が「私は強運の持ち主だ」と思っているからなんです。

これがもし、何かが腑に落ちていなかったり、ちょっとでも疑いの念が湧いてしまうと、途端にその強運が発揮できなくなってってしまうんだよ。

先日、ある方がこんなことを言っていました。

「私は昔、クジ運がすごく強かったのです。でもある時、『自分ばっかり当たったら申し訳ない』って思ったんです。そしたらそれ以降、私はクジに一度も当たったことがありません」

結局、〝人の運〟というのも、「その人が何を思うか」によって変わるんです。

実際に、強運の人っていうのは〝絶対強運〟なんだよ。

抽選が3回とも当たったから運がいいんじゃなくて、3回とも当たらなくても運がいい、なんだよ。

運勢の良くない人っていうのは、当たらないと「自分は運がない」って思ってしまうんだよね。でも本当はそうじゃないの。

私は小学校の頃、駆け足が遅かったけど「駆け足が遅いからダメだ」とはまったく思わなかったの。

「駆け足が遅いことは絶対にトクだ」と思ってたの。だからトクな人生になったんだよ。

多くの人は何かにつけて「これではダメだ」とか、自分の思い通りにいかないことに対して、「自分は運がない」って思うんだよね。

私が「彼女を40人作る」って言うと大変なように思うけど、日本だけでも4000万人ぐらい成人女性がいるんだよ。だから私は「4000万人の中から40人に絞らないとダメだ」って思ってるの（笑）。

「40人の女性を追っかけるのは大変じゃないですか？」って言う人もいるけど、

向こうから来てくれるようになることを考えればいいんだよ。

つまり、40人を追いかけるんじゃなくて、自分が魅力的になって、たくさんの女性から追いかけられるようになることを考えるの。

その中から、自分の好みの女性を選べばいいんだよね。

「いい女は追っかけるものだ」という発想の人には、「いい女性から追いかけられる」という考えが思いつかないの。

物事っていうのは、「思い」によって全然違っちゃうんだよ。

普通だったら落ち込むような状況の時に、どんな発想をするかなんだよね。

そうすると、誰よりも運が良くなっちゃうんです。

自分の思い通りにいかなかった時こそ、「運がいい」と考える

悪いこと、嫌なことが起こった時の考え方で運勢は大きく変わる

運

人は、一生使っても使いきれないほどの運を持っている

運について、多くの人が間違った考え方をしてるんです。

たとえば、こういうことを言う人って多いよね。

「この間、○△□が当たったから、それで運を使い果たしてしまいました」

こういう発想自体が、運気を落としてしまうんです。

そうではなく、**「これで運をつかんだんだから、次はさらにいいことがある」と思うようにすればいいの。**

それにそもそも、人の運って、すぐに使い果たしてしまうほど、小さいもの

じゃないんだよ。

人間っていうのは、「愛」の塊なの。

その愛とは、「運」そのものなんだよ。

生まれてきたこと自体、ものすごく運がいいことなの。人間は運の塊だから、一生使っても使いきれないぐらいの運をもってるんだよ。

人間は愛で生きる必要もないの。だって、人間そのものが愛の塊だから。ただそのことを忘れてるだけなんだよ。

じゃんけんで負けると「自分は運が悪い」って思うけど、**じゃんけんで総理大臣になった人はいないんです。**

人生において、じゃんけんが強いとか弱いとかってまったく関係ないの。

会社の命運を握る重要なことをじゃんけんで決めることがないのと同じで、

じゃんけんで決めることって大抵はどうでもいいことなんだよ。

大切なのは、**じゃんけんで勝ったら「自分はやっぱり運がいい」と思えて、負けたら負けたで「絶対に、その方が良かったんだ」って思えることだよね。**

売れてる漫才師なんかは、運の悪いことが起こったらそれをネタにするんだよ。だから結局、どんなことが起こってもその人にとってはいいことなんです。

あなたに起きる出来事というのは、売れてる漫才師や有名な発明家、成功者に起きていることと同じなんです。

いいことが起こるから成功するのではなくて、一見、悪いことが起きたように見えても、ツイてると思える人が本当の成功者なの。

多くの人は「怠け者は悪いやつだ」って思ってるけど、私は「怠け者が世界を救う」って思ってるんです。

なぜかっていうと、田植え機なんかでも怠けたいって思う人がいたから田植え機を作ったんだよね。もしこれが、世の中に怠け者がいなくて、みんな喜んで手で田植えをしていたら、ずっと田植え機は生まれなかったんです。

それに、怠けたい人が多いから田植え機が売れるんだよね。

金持ちの奥さんは働き者じゃない上に、おしゃれが好きなんです。消費することしか考えてない人もいるの（笑）。でもそういう人がいないと困るんです。

金持ちの奥さんが働き者な上に倹約家だと、お手伝いさんなんかも雇わないからその分、雇用は減るし、無駄なものを買わないから、消費も減ってしまいます。つまり、世間のお金が回らなくなってしまう。

だからね、世の中はうまくできてるんです。

それを「怠け者はダメだ」と考えるか、「怠け者も必要なんだ」と考えるかで、大きく結果が変わってくるんだよ。

運は定量ではない。どんなことも「運がいい」と思えば、運はよくなる

運は使ったからといって減るものではない。
私たちには使いきれないほどの運がある

失敗

魂が喜ぶことだけをすると、失敗はなくなる

「自分は運がいい」と自信を持ってやるのと、「自分は運がよくないから」と不安に思いながらやるのとでは、見た目も結果も違ってくるんです。

秦の始皇帝は、「敵が攻めてきた時のこと」を考えて「万里の長城」を作ったけど、昔から無用の長物と言われてるんだよね。

もし私が皇帝だったら、そんなことはしません。

その経費であと2000人、彼女を作ろうとします（笑）。

なんであいうようなものを作ってしまったかというと、「恐怖」なんだよ。
恐怖から作られているの。でも、恐怖から何かを始めるのってよくないんです。
魂には失敗がありません。
魂は失敗がないから、魂的に物事を考えると喜びが湧き上がります。
その喜びが湧き上がった状態を波動で表したのが、「ワクワク」なんです。
そして、その喜びは必ず愛から生まれます。
なぜなら、魂というのは「愛」そのものだから。
人が不安で物を考えると、恐怖を産みます。
戦争もそうです。
どの戦争も、「このままではダメになる」という恐怖から始まります。
恐怖から始まったものは、恐怖を呼びます。
これから「魂の時代になる」ということは、「喜びの時代になる」ということなんです。

そして、これからの時代は「喜びから学ぶ時代」になるの。

もちろん失敗から学ぶこともたくさんあるんだけど、要は考え方なんだよ。

多くの場合、**失敗から学ぶと、恐怖心が生まれて行動できなくなることが多いんです。実はそれが本当の失敗なんです。**

恐怖から学ぶのと同じように恐怖を生み出すけど、喜びからは喜びが生まれます。それに、喜びには失敗がないんです。

もっというと、**失敗はないいんです。**

うまくいかないことが起こっても、それは改良の余地が生まれただけで失敗じゃないいんだよ。

結局、これじゃダメだっていうことがわかったことが成功なんだよね。

だから失敗は、ありえないいんです。

大切なのは、**とにかくいつもワクワクしていられるかどうかなの。**

では、落ち込んだ時にはどうすればいいかというと、「この落ち込みがどんな良いことに変わるだろうか」って考えればいいんだよ。

普通の人は落ち込むと、物事を悪い方に考えるの。

でも人は、落ち込む時は徹底的に落ち込んだ方がいいんだよ。

だってツイてる人間は、何をしたってツイてるんだから。

落ち込みですらツイてるの。

失敗はあなたの心が
創り出している幻。
失敗を失敗と思わないこと

失敗は失敗だと思った瞬間に失敗に変わる。
失敗のおかげで改良の余地が
わかったと考えること

遊び

我慢はいらない。ちょっぴり「自分本位」に生きてみよう

私ははなゑちゃんに、こんな詩を贈りました。

舛岡はなゑの詩

人は愛と光
曼荼羅は無限の宇宙
成功はやすらぎ

人生は波動

斎藤一人

意味を簡単に説明すると、こうなります。

人の魂は愛と光そのものであり、その愛と光とは神。

あなたの問題は、あなたの心の中（曼荼羅）が作りだしている。

人の心は本来、宇宙のように無限に広いけど、あなたの心が狭ければ、あなたの世界も狭くなる。

安らいだ気持ちから、本当の成功が生まれる。

成功から安らぎが生まれるのではない。

あなたが感じたこと、思ったことが波動となって外の世界に伝わり、現実を創り出す。だから、あなたの人生はあなたの波動通りになる。

「あなたの人生は、あなたが出した波動通りになります」ということは、**あなたがいる世界は、あなたが出す波動でいくらでも変えることができるということです。**

あなたが幸せに生きると、その分だけ地球が喜ぶんです。

自分が喜ぶとその波動が伝わって周りも喜んで、その喜びの波動が広がればみんなが喜ぶ。

そうやってみんなが喜べば天変地異も減るんだよ。

世の中にはまだ、恐れている人がたくさんいます。

地震とか災害をなくしたいと思うなら、まずは自分一人でも楽しく生きるの。

そうすると、その人が楽しく生きた分だけ地球が喜ぶんです。

人生がうまくいかない人の中には、「楽しく生きることが悪だ」と思ってる人がいるんだよね。

ほとんどの人は、自分で自分のことを縛ってるんです。

それで自分が縛ってるから世間も縛るんです。自分が自分のことをどう扱うかで、世間も同じようにあなたのことを扱うんです。だって、人生は波動だから。自分が自分のことを大切に扱い始めると、世間もあなたのことを大切に扱うようになるの。自分が自分のことを愛するようになると、世間もあなたのことを愛するようになるんだよ。

なのに、多くの人は「逆だ」と思ってるの。「自己愛はいけない」と思ってるんだよ。「自己愛はわがままだ」と思っているの。

でもそれは「我」が出てるからなんだよ。人間は愛の塊だからわがままにはならないの。「本当の自分」で生きたら、すべてがうまくいくんだよ。

とにかく、**まずは自分にとって都合のいいことを考えるの。**そうすると楽しくなって、楽しくなった分だけ、地球が喜ぶんだよ。

私は、彼女が一人増えるたびに地球が喜ぶと思ってるの。一人さんの彼女が増えるたびに、天変地異がその分だけおさまるんだよ（笑）。

この地球はワンネスなんです。私たちが悲しむと地球も悲しむんです。

我慢してる人って遊びが足らないの。遊んでる人で、我慢してる人っていないんだよね。遊びすぎて自殺しちゃう人もいないの。

最近、「天変地異を防ぐために、正しく生きよう」としてる人が多いんだけど、本当は逆なんだよね。**正しく生きようとすると、苦しくなるんだよ。**

そうじゃなくて楽しく生きるの。あなたがひとつ楽しく生きると、一つ地球が喜ぶ。そうすると一つ天変地異がおさまるんです。

このことに気がつくと、地球が天国になるんです。

天国っていうのは、死んでから行くところじゃないんだよ。

まずは自分に都合のいいように
考えよう。
そうすると人生は楽しくなる

ひとり

「我慢」をやめる。「正しく生きる」をやめる。
楽しく生きると地球が天国に変わる

マイナス感情

マイナス感情は抑え込まず、思いっきり吐き出して手放す

とにかく、人生は波動です。

あなたが出した波動が、あなたの人生を創り出していくんです。

良い波動でいられるように、常に「うれしい」とか「楽しい」といった感情でいることが大切なんだけど、だからといって「怒り」や「悲しみ」といった感情を否定したり、抑え込んだりするのはよくないよ。

「喜怒哀楽」の感情は、神様がくれたとても大切なものなの。

人が愛から「喜怒哀楽」を表現するとき、その人の素晴らしい魅力になった

り、優れたものを創造する力になるんだよ。

映画とかマンガに出てくるヒーローって、めちゃくちゃ大声を出して笑ったり、誰かのために怒って戦ったり、すごく喜んだり、時には泣いたりと、とても「喜怒哀楽」が豊かです。

そして、そういう主人公の方が人気があるよね。

みんな、そういう人の方が好きなんです。

誰かのことを「怒る」のや「悲しむ」のも、愛があるからなの。親のことを恨んだりするのも、親に対して愛があるからなんだよ。

これがまったくの他人なら、そうはなりません。

問題なのは、**そうした「怒り」や「悲しみ」といった感情を抑え込んだり、「こんな自分はダメだ」と否定してしまうことです。**

嫌なことがあったときには我慢せず、怒ってしまった方がいいんだよ。

それは「相手に対して恨みを晴らせ」ということではなく、心の中で解消して、スカッとしてしまえばいいの。

経済的な損害を受けた場合は、相手を訴えたりすることも必要かもしれないけど、そうしないで済むなら、嫌なことは早く忘れてしまった方がトクだよ。訴えたりすると、手続きや裁判に時間がかかるし、その間ずっと「怒りの感情」に支配されることになっちゃうんだよね。

怒りの感情をもち続けていれば、間違いなく悪い波動が出ます。

その波動がどんな影響を及ぼすかは、今まで述べてきた通りです。

「怒り」や「悲しみ」といったマイナスの感情は抑えず、否定もせず、かといって持ち続けることなく早めに手放すことなんです。

常に自分の気持ちを「うれしい」「楽しい」にしておくことがあなたに安らぎをもたらし、その波動が幸せや成功へと導くんだよね。

怒ってもいい、泣いてもいい。心の中で解消したら次に進む

ひとり

マイナス感情からは悪い波動が出てしまう。早く手放して「うれしい」「楽しい」に変える

絶叫

マイナス感情が膨らんだ時は「絶叫」で解消

はなゑ解説

マイナスの感情を心の中で解消するといっても、どうしたらいいのかわからない人もいるでしょう。

また、怒ったり、泣いたりするのは恥ずかしいし、みっともないと捉えている人も少なくないと思います。

そういう人は、必要以上に失敗を恐れたり周りの目を気にしすぎたりして、ありのままの自分をさらけ出すのが怖いのです。

加えて、親や先生から間違って植え付けられた「我慢しなければいけない」

とか「感情を表に出してはいけない」といった観念が邪魔をします。

これらはいわば、魂の汚れのようなものです。

本来の魂はワクワクしたいのに、その汚れに邪魔されているのです。

ではどうすれば、魂の汚れを取り去り本来のワクワクしたい魂に戻れるのか。

その方法の一つが、**「絶叫」です。**

大声を出しても周りの迷惑にならないところで（たとえば車の中など）「バカヤロー！」とか「ふざけるなー！」と大声で叫ぶのです。

大声を出すことで、それまでの自分の「殻」が壊れます。

さらに「バカヤロー」といった、本来は「言ってはいけない」と思っていることを大声で叫ぶことで、知らない間に自分で作っていた「壁」が崩れます。

実際、心理学や心理療法でも大声で叫ぶことで、過去のトラウマなどを癒す方法が紹介されています。

「プライマル・スクリーム・セラピー」も、その中の一つです。

これは、原始的に叫ぶことで過去の傷を癒すという療法です。

ビートルズのメンバーだったジョン・レノンもこの療法を体験しています。

ジョンの父は失踪し、母は他の男性と同棲していたため、叔母のミミおばさんに育てられました。ジョンはこの頃の心の傷を癒すためにオノ・ヨーコと共にこの療法を体験し、『マザー』という曲を作ったといわれています。

その歌の中でジョンは両親に対して、子供の頃の思いをぶつけ、そして「さよなら」を告げます。さらに曲の最後には、子供の頃の感情があふれ出るように「ママ、行かないで！」「パパ、帰って来て！」と何度も叫んでいます。

「魂の叫び」と言いますが、絶叫することで魂の周りにこびりついた汚れが落ち、本来の魂が現れます。いわば絶叫は、魂の大掃除でもあるのです。

一度大掃除してしまうと、今度はなかなか汚れが溜まりにくくなります。

汚れた部屋にいると埃《ほこり》は目立たないけれど、キレイな部屋だと埃は目立つし、「あ、ここが汚れてる」とわかってさっさと掃除できるのと同じです。

実際、この絶叫を試してもらうと全員が「スッキリした！」と言って、それまでの「とらわれ」や「わだかまり」から解放されたような表情になり、本来の輝きを取り戻しました。

そして、それまで大嫌いだった人のことがあまり気にならなくなったり、「どうでもいいや」と思えるようになったりします。

さらには、相手の態度が変わってしまうことさえあるのです。

スッキリすると視界も晴れて、今まで気づけなかった小さな幸せにも気づけるようになります。

その小さな幸せを育てると「一粒万倍」になって、大きな幸せ、大きな成功へとつながっていくのです。

「絶叫」で、心の中のモヤモヤを吹き飛ばす

ひとり

「絶叫」すると心が晴れるだけでなく
嫌な相手、嫌な出来事もプラスに変わる

ニュートラル

何事もうまくいく人、すべてがうまくいかない人

はなゑ解説

一人さんの話にある通り、私たちの心の中には畑があって、一瞬一瞬の思いがタネとなって、その人の畑に埋まっていきます。

そのタネが芽を出し、成長していくのですが、最終的に実ったものがどうなるのかというと、心の中に実るのではなく、外に実ります。

つまり、それが現実です。

あなたが毎瞬思ったことがタネとなって心の中で成長していき、それがあなたの現実を創り出しています。

これがまさに、**「思考は現実化する」ということなのです。**

あなたの心の中の畑には、いろんなタネが埋まっています。

すでに癖や習慣になっている考え方や思いは、それだけ根が深く成長している証拠です。

なぜかいつも物事がうまくいってしまう人の心の畑には、「うまくいく」とか「なんとかなる」というタネがたくさん埋まっています。

反対に、なぜかいつも物事がうまくいかない人の心の畑には、「きっとまた失敗する」「なんともならない」といった、否定的なタネが埋まっているのです。

この世で起こる現象というのは、実はすべてニュートラルなのです。そこに「意味」や「価値」をつけるのは、あなたの「思い」や「考え」なのです。

あなたの目の前に嫌な人が現れても、「あんな風にならなくて良かった」と思って気にしないのか、あるいは腹を立てたり、ケンカをしたり、我慢するのか、で心の中の畑に蒔くタネは変わってきます。

人の思いというタネが、その人の考え方や行動、そして人生にどのような影響を与えるのかを見ていきたいと思います。

心の畑に「うまくいく」「なんとかなる」のタネを蒔く

ひとり

この世で起こることはすべてニュートラル。起こったことへの「思い」が人生を変える

しくみ

起こっていることはみな同じ。受け止め方で現実は変わる

はなゑ解説

私に起きることも、あなたに起きることも、その仕組みに違いはありません。

私にだけ良いことがいっぱい起きて、あなたにだけ悪いことが起こるということもありません。

結局、起きることは同じでも、その思い方で結果は大きく変わってきます。

そのことを示唆する、こんな「おはなし」があります。

むかし、あるところに幸せを求めて旅する若者がいました。

その若者がある街にたどり着いた時、その街の入り口に一人の老人が佇《たたず》んでいました。

若者はその老人に、言いました。

「私は幸せを求めて旅をしています。この街はいい街ですか？」

すると、その老人は若者にこう尋ねました。

「君がいた街は、いい街だったかね？」

それに対して、若者はしかめっ面でこう答えました。

「私がいた街は、最悪の街でした。人は不親切だし、みんな私に意地悪なことばかりします。だからこうして、旅をしているんです」

すると老人は、こう答えました。

「この街も、君がいた街と同じようなもんじゃよ」

それを聞いた若者は、がっくり肩を落として、その街に入ることなく、違う街を求めて旅を続けました。

しばらくすると、別の幸せを求めて旅をする若者が来て、街の入り口に佇んでいる老人にこう尋ねました。

「私は幸せを求めて旅をしています。この街はいい街ですか？」

老人は、前の若者の時と同じようにこう尋ねます。

「君がいた街は、いい街だったかね？」

すると、その若者は、笑顔でこう返します。

「私がいた街は、とってもいい街でした。人は親切だし、みんな私に優しく接してくれます。でも別の世界も見てみたくて、こうして旅をしているんです」

それを聞いて老人は、答えました。

「この街も、君がいた街と同じようなもんじゃよ」

若者は、満面の笑みで老人に感謝を伝え、その街に入っていきました。

起こったことを、すべて前向きに受け止める練習をする

ひとり

いいことも悪いことも、特定の人に集中して起こるわけではない。受け止め方次第

修行

嫌な出来事に対する執着を「捨てる」

はなゑ解説

また、こんな「おはなし」もあります。

ある時二人の僧侶が、修行の旅をしていました。

道を歩いていると、行く手に川が現われました。

川には橋がかかっておらず、濡れることを覚悟で浅瀬を渡るしかありません。

二人が渡ろうとすると、美しい娘が一人で、川を前にして途方に暮れている姿が見えました。

きっと、キレイな服を汚したくないのでしょう。

それを見た僧侶の一人は娘に声をかけ、彼女を抱き上げて川を渡りました。

もう一人の僧侶は、それを見ながら川を渡ります。

向こう岸で女性と別れた二人は、再び旅を続けました。

一時間ほど経った頃、一方の僧侶が文句を言い始めました。

「さっきから俺はずっと、おまえがあの時、娘を抱いて川を渡ったことが本当に正しいことなのかどうか、考えている。確かに、あの娘は困っていた。しかし、女に触れることは戒律に反することだ。修行僧の掟を破るなんて、おまえは間違っている」

それを聞いた僧侶は、こう答えました。

「確かに俺は、あの娘を抱いて川を渡った。しかし、川を渡ったあとで、彼女をそこに置いて来た。それなのにおまえは、いまだにずっと、あの娘のことを抱いて（考えて）いるのか」

いかがでしょうか。

「幸せを求めて旅する二人の若者と老人」の話も、「二人の僧侶と娘」の話も、どちらも思い方次第で受け取り方が変わることがわかります。

結局、起きた出来事がどうだったかよりも、そのことをどう思うかで結果は変わり、その思ったことでまた、同じようなタネを蒔いてしまうのです。

起きたことに対して、いつまでもクヨクヨしない

ひとり

反省はしてもいい。しかし後悔はやめよう

真の原因

それでも自分の「思い」が変えられない人へ

はなゑ解説

同じ出来事でも、思い方次第で結果が大きく変わることはわかりました。

ということは、思い方を変えればすべてはうまくいくということになります。

ただ実際は、「思いを変える」のは、それほど単純なことではありません。

物事に対する捉え方や考え方をすぐに変えられるのなら、人はそれほど悩まずにすみます。

それがなかなかできないからこそ、人は悩むのです。

何かを解決するためには、その発生原因を知る必要があります。

ということは、心の中にどんなタネを蒔いたかがわかれば、どんな花が咲くかもわかります。

たとえば、仕事で大きな失敗をしてしまい、「また失敗するんじゃないか」と考えて、チャレンジができなくなったとします。

そんな時はまず、失敗の原因を突き止め、同じ失敗をしないように改めることから始めてみるのです。

上司や同僚などに相談して、「どうすればうまくいったか」といったアドバイスをもらったり、本を読んで学んだりして、「次は絶対に失敗しない」と思えるまで様々な知識を得るのです。

失敗の原因を突き止めることができたら、再チャレンジです。ただそのチャレンジも、最初から難しいことにチャレンジしてはいけません。

簡単なことからチャレンジを始め、徐々にハードルを上げて行くのです。

そうやって小さな成功を重ねていけば、必ず大きな成功をつかむことができ、失敗に対する恐怖も克服することができます。

でも実際は、それでもうまくいかない人がいます。

なぜでしょうか？

それは、**最初に失敗した原因のもっと深いところにある「真の原因」に到達していないからです。**

真の原因は、昔、尊敬していた先生に「おまえはダメなヤツだ」と言われたことかもしれませんし、小さい頃から親に「あなたは一人じゃ何もできないのよ」と言われ続けたからかもしれません。

もっと言えば、前世で仕事を大失敗した時の記憶がよみがえっているのかもしれませんし、仕事で大失敗した部下を厳しく罰したことが原因かもしれないのです。

なかなか変わらない「思い」を変えるには、「真の原因」を突き止める

ひとり

悩みには必ず原因がある。「真の原因」を
突き止めて根本から「思い」を変えよう

ポジティブシンキング

無理やりなポジティブ思考は、今すぐやめなさい

はなゑ解説

「思い」を変えられない最大の理由。

それは、その発生原因、つまり**心の中にどんなタネが埋まっているかがわかりにくいところにあります。**

先に挙げた仕事の失敗を例に説明すると、仕事の失敗そのものが原因である場合、因果関係がハッキリしているので何を変えればいいのかもわかりやすいです。

しかし、多くの場合、仕事の失敗が引き金となって過去の問題を深刻化させ

たり、あるいは過去の自分の心の中に蒔かれたタネが原因となっているケースが多いので、仕事でがんばっても、なかなか「思い」を変えることができません。

では、どうすれば、「心の中に埋まっているタネ（原因）が現実（結果）を創る」という「因果」を解消して、自分の「思い」を、そして現実を変えることができるのか。

まず、直接因果を解消しなくても、「物事を前向きに考える」といったポジティブシンキングで事態を改善していく方法があります。

ところがこれが、無理に「物事を前向きに考えなくちゃ」とか「ポジティブにならなきゃダメ」となると、できない自分を責めてしまって、余計に悪いタネを蒔いてしまうことにつながるので注意が必要です。

一方、心理学的なアプローチでは、様々な対症療法があるので、そこから事態を改善していく方法もあります。

あるいは、催眠療法で過去の因果を探り、解消していくという方法もあります。

しかし、ここで私が最もオススメしている方法があります。

それは、**「私の講演会に来ること」です（笑）。**

ただそれだと、「来たくても来られない人」がいるので、この本で読んでできることを紹介していきますね。

次章では、私が講演会でどんなことを話しているか、そして、参加した方にどんなことが起こったのかを紹介していきたいと思います。

自分を無駄に追い込む
ポジティブシンキングはやめる

「前向きに考えなくちゃ」と
自分を追い込むような考え方が
あなたを苦しめる

第3章

嫌な相手、嫌な出来事が
みるみる消える
「愛の因果切り」

はなゑ解説

白光の剣

「白光の剣」で問題を断ち切ると、あっという間に解決

はなゑ解説

２０１６年の10月に『癒しの講演会』と銘打って始まった講演会は、現在、『斎藤一人名代　舛岡はなゑ絶叫講演会　白光の剣授けます～ワクワクがとまらない～』に名称を変えて、リピーターはもちろんのこと参加人数がどんどん増えながら現在も続いています。

その中で私は『白光の剣《つるぎ》』を参加者の皆さんにも授け、全員を『白光の戦士』に変身させるワークを行なっています（『白光の剣』や『白光の戦士』に関する詳しいことは、『斎藤一人　白光の戦士』（ＰＨＰ研究所刊）をご参照く

ださい)。

ワークで使うのは「剣」といっても、実物の刀ではありません。**実体のない「心の中に宿す剣」です。**

ワークの中で参加者の方たちには、自分が抱えている様々な問題を『白光の剣』で「愛の因果切り」してもらいます。

すると、不思議なくらい現実の出来事が変わるのです。

たとえば、ある講演会で「太っている自分のことが好きになれない」という方がいらっしゃいました。

しかし、ワークで「愛の因果切り」してもらうと、だんだん痩せてきて、結果的に半年で10kg痩せて、すごくキレイになられました。

またある講演会では、父親のことが嫌いで、20年以上一緒に住んでいるにもかかわらず、まったく会話していなかった方が来られました。

ワークの中で父親のことを「愛の因果切り」してもらったところ、翌日の朝、父親の方から何事もなかったかのように話しかけてきて、それ以来、ごく普通に親子の会話をしているそうです。

他にも、関係の悪かった親、旦那さん、奥さん、子供、上司や部下など、身近な人間関係を「愛の因果切り」したら、その人がすごく優しくなったという例が、たくさん報告されています。

ある人は片思いの大好きな彼を、「私がこんなに好きなのに、なんでわかってくれないのよ〜」と言いながら「愛の因果切り」しました。

すると、講演会が終わった直後に、彼から電話があったそうです。

さらに、対応の悪い店員さんを『白光の剣』で「愛の因果切り」したら、すごく丁寧で親切な対応に変わったという例もあります。

なぜこのようなことが起こるのでしょうか？

嫌な相手・出来事はすべて「白光の剣」で切る

ひとり

モヤモヤすること、嫌なことをそのままにしておかない。「白光の剣」で断ち切ろう

愛の因果切り

ムカつく奴は「愛の因果切り」

はなゑ解説

これまで見てきた通り、あなたの心の畑に「どんなタネが埋まっているか」があなたの人生を決めます。

今、自分の人生が納得のいかないものであるならば、あなたの心の畑の中に「あなたの望まないタネが埋まっている」ということです。

だから、それを刈り取ればいいのです。

では、どうすれば刈り取れるかというと**ムカつく奴を、「愛の因果切り」です。**

私の講演会では、これを参加者全員で私の掛け声にあわせてやってもらうのですが、ここでは簡単に自宅できる方法をお教えします。

まず、身の回りにある棒状のものを手に持って下さい（ない場合、イメージするだけでもOKです）。

そして、嫌な出来事やモヤモヤする相手を思い浮かべながら、手に持った剣で「このやろう！」「ふざけんな！」と言いながら切る。これだけです。

心の畑に埋まっているものをいいタネだけにするには、とにかく変なものが埋まっていたら、白光の剣で「愛の因果切り」をすることです。

そうすると、自分にとって好ましくない芽を刈り取ってくれます。

ポイントは、**「あらゆる人を『愛の因果切り』の対象にすること」です。**

嫌な人はもちろんですが、大切な人や愛している人も切ります。

特に両親を切ってください。

多くの人がモヤモヤして納得がいかないのは、知らないうちに「切らなきゃいけない人」を「切ってはいけない」と思っているからです。

白光の剣からは愛しか出ないので、相手の悪因だけを切ってくれます。するとその人の愛と光が大きくなるのです。この剣で切ってあげればあげるほど、相手も自分も運勢が良くなります。

ワークの中では、「白光の剣」を使ってチャンバラごっこをするのですが、「切ってあげる・切ってもらう」をより実感してもらうためでもあるのです。

大切な人、愛する人ほど「愛の因果切り」

「愛の因果切り」で、心の畑に埋まっているものを、すべていいタネに変える

怒り

「愛の因果切り」で、怒りや憎しみを切り裂く

はなゑ解説

「親の因果を切ってあげる」と言うと、多くの人は抵抗を感じると思います。

しかし、心配はいりません。

なぜなら、白光の剣とは愛そのものだからです。

ジメジメと怒りや憎しみの剣で切れば、相手に怒りや憎しみをぶつけ、自分にも同じものが跳ね返ってきます。

でも愛で切れば、相手と自分の「悪いタネ」だけを切るので、お互いのためになります。

つまり、相手の悪因も切れて、自分の悪因も切れるのです。

白光の剣はとても便利で、たとえば嫌な人がいるとすると、「このやろう、ムカつくんだよ！」と言って切っても、そこからは愛が出ます。

イメージの中では親とかムカつく奴といった「人」を切っているつもりでも、**実際に切れるのは「悪因」だけであり、「自分の間違った思い」なんです。**

普通に「このやろう！」とか「ふざけんな！」って言っていると、余計に怒りや悔しさが増してきます。

でも私の講演会の中で、明るく笑いながら「このやろう！」とか「ふざけんな！」と言いながら白光の剣で切っていると、最後は「スッキリした」となって、あれだけ怒っていたり憎んでいた相手のことが「どうでもいいや」と気にならなくなったり、愛する人のことが余計に愛おしくなったりするのです。

私たちのこの人生は、自分の毎瞬毎瞬の思いでできています。

だから「うれしいなぁ」とか「楽しいなー」というタネを蒔けば「うれしいなぁ」とか「楽しいなー」と思える現実が起こるのです。

一人さんがみんなに「天国言葉」を教えるのも、このためなんです。

できれば「このやろう！」とか「ふざけんな！」という思いは持たないに越したことはないのですが、そう思ってしまうことってあると思います。

そんな時、「こんなことを思っちゃダメなんだ」と思うと、余計に自分の中に怒りや憎しみを溜め込むことになってしまいます。

便秘が体に悪いのと同じで、とにかく汚いものや余計なものは一度自分の外に出さないと、延々と残ってしまいます。

だから、自分にいらないものはすべて白光の剣で「愛の因果切り」する。

そうすれば、どんなに悪いタネを自分の畑に蒔いてしまっても、良いものは残して、悪いものだけを刈り取ることができるのです。

嫌な思いを溜め込まないためにも「愛の因果切り」

いい思いを無理やり持たなくていい。
怒りや憎しみに有効な「愛の因果切り」

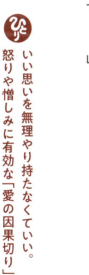

親

人は「好きなように生きればうまくいく」

はなゑ解説

親との因果に悩んでいる人は、たくさんいます。
中には、それが因果だと気付かずに悩んでいる人もいます。
しかし、因果って簡単に切ることができるんです。
因果の切り方をたった一言で説明します。これで因果はなくなります。
それは**「親の言いなりにならない」こと。**
つまり、**「納得できないことは、親の言うことでも聞かない」ということです。**

先に「特に両親を切ってください」と書いたのも、そのためなのです。

一人さんには因果がありません。

なぜなら、一人さんは常に自分がやりたいことをやっているからです。

因果というのは、人の観念で「これはいけない」と間違って思い込んでしまったり、自分のやりたいことじゃないことをして我慢していると、それが因果になるのです。

自分がやりたいことをやっていたら「スッキリと生きられる」ので、因果ができるわけがありません。

一人さんはお母さんが大好きです。私も、両親が大好きです。

でも、大好きだからといって「絶対に、言うことを聞かなければならない」ということはないのです。

どれだけ大好きな人でも、無理に言うことを聞いていると嫌いになります。

一人さんは「自分の生きたいように」生きてきました。

もし一人さんがお母さんの言う通りに生きていたら、大学を卒業して一流企業に勤めているはずです。

それって、一人さんじゃないですよね（笑）。

でも、多くの人はそれと同じことをしています。

人って実は、**「好きなように生きていればうまくいく」ようになっているのです。**

では、なぜ「親の因果が子にめぐる」のか。

あなたは「親が口うるさい」のが嫌だったはずなのに、それを我慢していると、あなた自身が「口うるさい親」になります。気がつくと、親と同じことをしているのです。だから「因果がめぐる」のです。

人は、好きなように生きた方がうまくいく

ひとり

親や大事な人の言いなりになるのをやめる。
好きに生きれば、人生はラクになる

はなゑ解説

やらない

納得しないこと、嫌なことを「絶対やらない」という選択

因果がめぐってしまう例として、自分の子供に対してやたら「結婚しなさい」と言うお母さんがいます。

しかし、「誰と結婚するか」はその人の人生ですし、結婚したからといって、その結婚がうまくいくとは限りません。

そう言うお母さんは、自分も親から同じようなことを言われています。自分も本当は親から結婚に口出しされるのが嫌だったのに、つい子供に言ってしまうのです。

他には、若い時に両親が厳しくて、「彼氏と夜、遊べなかった」というパターン。出かけてちょっと遅くなると怒られて、それで我慢していい子にしていた人がお母さんになった時、自分の娘に対して同じようにしてしまうのです。

実際、私の講演会に参加された方の中に、二十歳の娘のことが心配でしょうがないお母さんがいました。

私はその方に、「あなたが二十歳ぐらいの時に、彼氏とデートに行ったら夜遅くまで彼氏と一緒にいたかったでしょ?」と聞くと、「はい」と言います。

「それに、あなたは夜出かけたからといって不良にならなかったんだから、あなたの子も夜出かけたぐらいで不良になったりしないよね?」と聞くと、やっぱり「はい」と言います。

「それなのに、どうして娘さんのことをそんなに心配するの?」と聞くと、だんだん自分の中にある矛盾に気がつくのです。

その後、私のセミナーを受けてすっかり変わったその方は「一年前、なぜあんなに娘のことが心配だったのかがわからない（笑）」と言っています。

つまり、娘のことをむやみに心配するのも「因果」なんです。

元をたどれば、本人が親の言うことを我慢して聞いたからなのです。


私は「親の言うことを聞くのは間違っている」と言いたいわけではありません。


「女性は、男性から誘われても断って、清楚《せいそ》にしていた方がいい」と本人が思っているならば、それでいいのです。

お母さんに「あなた、たまには夜遅くまででかけてきたら？」と言われても行きたくない子はそれでいいのです。

自らがそう思っている人は、それで問題ありません。

「どちらが正しいか」ではなくて、「その人がどうしたかったか」が大切なのです。

江戸時代ならいざ知らず、今は「自分の思い通りに生きられる時代」なのです。

戦争がある時代は個人の自由はありませんでしたし、自分の考えを言っただけで罰せられたりしました。

今の日本は、そんな国ではありません。

自分の考えを言っただけで逮捕されたりすることはありませんし、逆に他の人から「いいね」がもらえるくらいです。

だから、自分がしたいことをやれない人は、ある意味自ら「見えない檻《おり》」に入っているのと同じです。

一人さんは、まったく檻に入っていません。

だから因果もないのです。

他の人に影響されず、自分のしたいことをしている人には、悪い因果は関係ありません。

心の中に悪い因果のタネがあっても発芽しないのです。

私もどうやらないみたいです（笑）。

そもそも師匠の一人さん自身が、自分の言うことを無理に人に聞かせようとはしません。とても自由な人です。

一人さんも私も、他人が言うことであっても、自分が納得したことはやります。

しかし、納得しないことは絶対にしないし、嫌なこともやりません。

私も一人さんも、ずっとそうやって生きてきました。

それが一番成功の道だということを、日本で一番よく知っているからです。
だから、人に対して無理強いしないのです。
嫌なのに、親の言うことを聞いていると悪い因果がめぐります。
その因果は、あなたの代で切ってください。

「何が正しいか」ではなく「どうしたいか」で決める

ひとり

「親が言うことだから」「あの人が言うから」をやめる

自由

「自由な人」と「わがままな人」はここが違う

はなゑ解説

「誰の言うことも聞かない」と言うと、すごく「わがままな人」のように思われるかもしれませんが、「自由に生きる」ことと「わがままに生きる」ことは違います。

「わがまま」とは「人をコントロールしようとする」ことであり、「人を自分の言いなりにさせよう」とすることです。

それに対して、「自由」とは「愛」なんです。

本当の意味で自由に生きている人は、愛があるから人のことも自由にさせるので、他人をコントロールしようとしたり、言いなりにさせようとしません。

つまり、**その人自身に「愛」があるかどうかが、「自由に生きている人」と「わがままな人・頑固な人」との大きな違いなんです。**

そう言うと「わがままな人や頑固な人には愛がないのか」と思われるかもしれませんが、そうではありません。愛はちゃんとあります。

ただ、心の中にあるモヤモヤが、その人の愛が出てくるのを邪魔しているのです。

講演会でよく、「娘や息子がすごく反抗する」とか、「サイアクな態度をとる」という話をよく聞きます。これも実は、心のモヤモヤが原因です。

もっと言うと、自分のモヤモヤが娘や息子に影響を与えているのです。

だから、親か子のどちらかのモヤモヤがなくなると、不思議なくらい親子関係が改善されます。

では、そのモヤモヤの正体とは何か。

モヤモヤの正体は、たとえて言えば怒りなどの嫌な気持ちをビニール袋に入れて、そのまま部屋（心）の隅に追いやっているようなものです。

だから、そこから嫌なニオイが出てきます。

それが、心のモヤモヤの原因です。

私はそれを**「間違った観念」と呼んでいます。**

では、この間違った観念をどうすればいいのか？

全部、捨てればいいのです。

モヤモヤするのは、心の中に溜め込んだものが臭っているからですが、それをいち早く捨ててしまえばいいのです。

たとえばあなたが、「子供は未熟だから叱らないといけない」という観念を強く持っていたとしましょう。

ところが、子供を叱るたびに嫌な気持ちが湧いて、モヤモヤが心の中に残るとします。

そんな時は、モヤモヤした気持ちをビニール袋に入れて、ゴミ箱に「ポイ」と捨てている自分をイメージをします。

同じモヤモヤが湧いてきた時は、再びゴミ箱に捨てるイメージをします。

これを繰り返すだけです。

気がつけば、モヤモヤは消えてなくなっています。

これが「刈り取る」ということであり、「心の大そうじ」です。

私が講演会でやっていることとは、心の中に溜め込んでしまったいらないものを、サッサと捨て去る大そうじをしているのです。

一度大そうじをしてキレイにすると、次は同じことが起こっても気にならないか、嫌な思いをしにくくなるのです。

心のモヤモヤは全部「捨てる」

心の中に溜まったゴミを全部捨てれば、
モヤモヤは消えてラクになる

心の大そうじ

心のモヤモヤを一掃する「心の大そうじ」

はなゑ解説

「心のモヤモヤを捨てたい！」「心の大そうじをしたい」と思っても、どうしたらいいかわからない人もいると思います。

具体的な方法をお教えしますね。

たとえば、**怒りの感情が湧き上がってきたら、「バカヤロー」とか「ふざけんなー」と外に向かって大声で叫ぶのです。**

たとえ小さな声でも、怒りやモヤモヤの思いのたけを吐き出せばＯＫです。

白光の剣で切ったり、クッションを壁に投げたりするのも効果的です。

悲しいことがあった時は、思いっきり泣いても構いません。

どちらも、人に迷惑がかかるわけではなし、いくらでもやっていいのです。気が済むまでやったら「ああ、スッキリした」と言って、気持ちを切り替えましょう。これが「心の大そうじ」です。

好きなアイドルのビデオを観るとか、楽しい映画を観るとか、カラオケに行くとか、美味しいものを食べに行くとか、そういうものでも構いません。とにかく内に溜まったモヤモヤ感情を、思いきり吐き出すことをやってほしいのです。

そういう意味では、アイドルでも食べ物でも趣味でも、普段から「好きなもの」を増やすのはとっても大切です。

どんなに前向きに生きようと思っても、心が落ち込むこと、エネルギーが停滞することは誰にでもあります。とはいえ、心にモヤモヤがあるということは、自分自身のエネルギーが内向きになっている証拠でもあります。

エネルギーが内向きになると、発散できずに停滞してしまいます。

一度停滞し始めるとそのまま収縮し、さらにエネルギーを減らしてしまうことになってしまいます。

こういう時に大事なのは、まずは、内向きになっている自分を受け入れて、自分自身の意識をとにかく外に向けることです。

「ああ、エネルギーが内に向いているんだなぁ。でも、大丈夫！　なんとかなる」と言って、なんでもいいから自分のエネルギーを外に向けるようにしましょう。

ネガティブな感情が溜まった時は、思いっきり吐き出す。アクションを起こす

ひとり

泣いてもいい、笑ってもいい、叫んでもいい。感情を吐き出してスッキリすること

妄想

どうしてもワクワクしない時は「妄想力」を使おう

はなゑ解説

私はかなり「要領のいい魂」の持ち主なので（笑）、厳しくない、自由にさせてくれる親を選んで生まれてきました。

だから、私の人生はずっとうまくいっています。

「こういう風になれたらなぁ」とか、他人を羨ましく思ったり、他人の人生に憧れることもあまりありませんでした。

中学生ぐらいの頃から、周りから「はなゑさんは、好きなことをやってうまくいってるよね」とか「悩み事、ないでしょ？」って、よく言われました。

そう言われると逆に、「あなたは好きなこと、してないの?」とか「何をそんなに悩むことってあるの?」と、疑問に思ったくらいです。

しかし、大人になった今なら、わかります。

私が何事もうまくいく理由の一つは、両親の育て方にあります。

父も母も、私のことを自由に育ててくれました。

私の強情なところも「それがいいんだ」と言って、育ててくれたんです。

「勉強しなさい」と言われたこともなく、逆に「勉強ばっかりしてる奴はダメだ」とか、学校帰りに友達と遊ばずにまっすぐ帰ってくると「何かあったのか?」と心配されるくらいでした。

今になって思えば、私にそのことを聞いてきた友達は、親から「好きなことばっかりやっていたら、うまくいかない」という刷り込みをされてきたんだと思います。

私はというと、好きなことをして、いつもワクワクしていたので、周りからどんなにネガティブなことを言われても、そんな思いを持つことなく育ちました。

そんな私でも、人生で一度だけ、自分の思い通りにならなかったことがあります。

今からもう数十年前のことですが、『十夢想家《とむそうや》』という名前の喫茶店を開きました。

当時の私はとにかく、これがやりたくて仕方がありませんでした。

しかし、この事業が人生で初めてといってもいいくらいにうまくいきませんでした。

その時に、私はいろんな本を読んで勉強しました。

「自分の思いが人生を作る」というのも、その時に学んだことです。

それで、一生懸命勉強してお店が繁盛して、売上が上がるイメージを持とうするのですが、どうしてもうまく想像することができません。

そうなると、自分のお店なのに朝から「早く仕事が終わらないかな」「退屈だな」「なんで、お店なんてやろうと思ったんだろう」という気持ちが湧いてきて、肯定的なイメージがまったくできないのです。

何より、ワクワクできないのです。

そこで私は思い切って、発想を変えることにしました。

「すっごいお金持ちの人がやって来て、私のことを助けてくれる」って想像（妄想・笑）するようにしたんです。

するとワクワクしてきて、「お店がうまくいかない」という不安が消えました。

そして、それから半月も経たないうちに、私のお店に現れたのが、斎藤一人さんだったのです。

「こうなればいいな」ではなく「こっちの方がワクワクする」を選ぶ

ひとり

ワクワクすることを妄想すると、
それが現実になる

ワクワク

「引き寄せ」以上にすごいことが起こる「ワクワク」の法則

はなゑ解説

「引き寄せの法則」というと、「想像したことが引き寄せられる」と思っている人が多いと思いますが、ワクワクは「それ以上」なのです。

どういうことかというと、想像したこと「自体」が引き寄せられるというよりも、ワクワクしていたら、もっとワクワクすることが引き寄せられるからです。

それは、その人の想像をはるかに超えるものを引き寄せることも可能です。

たとえば、一人さんの一番弟子である、柴村恵美子さん。

恵美ちゃんは歌手になりたくて、18歳の春に1人で北海道から上京しました。

そこで出会ったのが、一人さん。

一人さんと出会ってワクワクし続けていた恵美ちゃんは、夢だった歌手としてディナーショーを開催したり、CDデビューしただけではなく、なんとハリウッドデビューまで果たしたのです。

ハリウッドで制作されたプロモーションビデオは全世界で視聴され、配信開始からわずか10日で再生回数が100万回を突破しました。

そしてなんといっても一番すごいのは、恵美ちゃんは自分の夢である「歌手になる」という夢を引き寄せただけではなく、年商35億円の大セレブにまでなったのです。

つまり、引き寄せの法則で想像したことを引き寄せるよりも、ワクワクしていたら想像以上のことが起こった、ということです。

先日、一人さんの他のお弟子さんの社長さんたちに「何か自分の望みを、ありありと想像したことある?」と聞いてみたのですが、みんな「ない」って答えました。

自分ができることを想い描くと、どうしても小さくなってしまいます。

本当はもっとたくさん、大きなものを受け取れるのに、「私にはこれくらいが妥当だ」とか、思っちゃうんですね。

さらには、「そんな大それたこと、望んじゃダメ」とか、「私には無理」と、最初から諦めている人さえいます。

自分が幸せになるのに、遠慮していてはいけません。

遠慮するのではなく、諦めたり自分の可能性を狭めるのではなく、自分がワクワクすることに専念してください。

ワクワクさえしていれば、あなたに必要なものは必ず引き寄せられます。

一人さんのお弟子さんの社長さんたちもみんな、日頃からワクワクすることをしていた結果、「自分が想い描いていた以上の結果が得られた」と言います。

また、神様は、常にその人の願いの本質を叶えてくれます。

私も考えてみれば、『十夢想家』という喫茶店を繁盛させて、お金儲けをしたかったわけではありませんでした。ステキな仲間に囲まれながら、みんなで夢を語らい、ワクワクする場を作りたかったのです。その結果、一人さんと出会うことができ、億万長者になりました。今もステキな仲間に囲まれてとても楽しく、仕事や講演活動をさせていただいています。

「引き寄せ」よりも「ワクワク」の力の方がすごい

ひとり

ありえないほど自分が楽しくなることを想像して超現実を引き寄せる

素直

「自分に素直になる」の本当の意味

はなゑ解説

あなたの『人生の目的』は何ですか？

「結婚をして、子供を育てること」と言う人がいます。「安定した会社に入ること」という人もいます。「少しでも上の学校に入ること」という人もいるでしょう。

でもそれは本当に、あなたの『人生の目的』でしょうか。

知らないうちに刷り込まれた価値観、思い込み、親や周りの人からの影響、倫理観や義務感で、自分の『人生の目的』を決めていませんか。

あなたが、自分自身の本当の『人生の目的』を生きているのなら、あなたは心からワクワクしているはずです。

あなたが自分らしく生きれば生きるほど、あなたの人生に対する満足感は上がり、「自分の人生を生きている」という実感が湧きます。

もし、そうでないのだとしたら、自分の人生を生きていない証拠です。

生きていくために、お金を稼ぐことは必要です。

しかし、あなたの人生はそれだけではないはずです。

もっと、自分自身に「素直」になってください。

素直とは、「他人の言うことを疑わない」とか「まわりの意見をすべて受け入れる」ということではありません。

一番重要なのは、**自分の気持ちに素直になることです。**

たとえば、自分が学校に行きたくないのだとしたら、「自分は学校に行きた

くないんだ」と素直に認めることです。
いくら親や世間が学校に行かなきゃダメだ、と言ったとしても、学校に行きたくないなら行かないでいいんです。
そこからどうすればいいか、を考えればいいだけです。

実際に、学校に行かないで好きなようにして、人生うまくいっている人たちがたくさんいます。

自分の感情を大切にし、自分の気持ちに対して素直に生きていれば、人生の目的は自ずと達成されます。「悔いのない人生」を生きるためにも、自分に素直に生きることが一番大切なのです。

自分の思いや感情に素直に生きよう

ひとり

他人や世間の常識や価値観にとらわれず
自分の心の声に素直に従おう

OK
結婚してください

第4章

心の闇を祓う「ワクワク」の法則

ひとり
はなゑ解説

瞬殺

心の闇を瞬殺する「お祓い」の法則とは？

本来、人はみんな幸せになれるし、それぞれの成功を手に入れることができるの。

自分の中の「神我」にしたがって生きていれば、必ずうまくいくんです。

でもね、その「神我」の声を聞こえなくさせたり、見えなくさせるものがあると、途端に迷ってしまうんです。

それって心に〝闇〟ができてるようなもの。

その闇の正体は、あなたの畑に蒔かれた「悪いタネ」が原因なんです。

「悪いタネ」は、過去の失敗の時に蒔いてしまったものかもしれないし、親や世間から植え付けられた先入観や間違った観念が原因かもしれないし、あるいは前世で蒔いてしまったものかもしれない。

でも、いちいちそうした「悪いタネ」のことを気にしなくても、自分の人生をスカッと生きる方法があります。

それが**「ワクワク」なの。**

「ワクワク」とは光です。

どんなに深い闇も、光には勝てません。

まさに〝瞬殺〟です。

いわば「ワクワク」は、神我にしたがって生きていくための「道しるべ」みたいなものなんです。

心の闇は「ワクワク」で打ち払う

心が迷っている時は
「ワクワク」にしたがう。
「ワクワク」は心の道しるべ

ひらめき

天からのひらめきを上手に受け取る方法

「天からひらめきを得る」っていうことは、ひらめく〝もと〟があるんだよね。

それを外国では、「アカシックレコード」って言うの。要するに知恵が溜められている場所というか、データベースのような場所なんです。

天のひらめきはそこから来るんだけど、それを受け取れる人と、受け取れない人がいるの。

アカシックレコードというのは、もともと「アカーシャ」という仏教用語から来てるんです。

それを日本的にいうと「空《くう》」と言うことなんだよ。「虚空蔵」とも言われているの。

「虚空蔵菩薩は知恵の神様だ」っていうのは、そこには「知恵は空から来る」っていう意味が込められているからなんだよね。

日本に密教を伝えた弘法大師が、なぜ〝空海〟という名前をつけたのかというと、「洞窟の中からのぞいてた時に、空と海が見えたから〝空海〟と名付けられた」っていう話があるけど、そんな単純な理由じゃないの。

「空」というのは、知恵を表すんだよ。

「宇宙の空間の中には膨大なる知恵が海のごとくある」。そういう意味から〝空海〟って名付けたの。

ではどうすればその「アカシックレコード」につながれるかと言うと、**「ワクワクして、楽しいこと」をしていればいいの。**

「眠れる予言者」と呼ばれて、相談者の病気や問題を〝リーディング〟という方法で解決したエドガー・ケイシーは、アカシックレコードにあるその人の過去世につながって、そのデータを持って来てたんです。

でもそれは特殊なケースで、私たちは自分に必要な情報だけわきあがればいいんだよね。一人ひとり違うんだから。

つまり、**人は楽しいこと、ワクワクすることをしていればアカシックレコードにつながって、「天からのひらめき」を得られるようになっているの。**

なぜかっていうと、神は「愛と光」だから。

神が人を苦しめたり、苦労させるようなことをするわけがないんだよ。

世の中には「苦労のあとに幸せが来る」と思ってる人がいるけど、苦労のあとには苦労しか来ません。

でも、たとえどんな苦労するようなことでも楽しくできるんだよ。

だから楽しくやっていると、アカシックレコードから知恵が湧いてくる。

虚空蔵の知恵が湧いてくるんだよ。

私はよく「一人さんの仕事は、いつも明るくしていて、楽しくしていること だよ」って言うんだけど、それはそうしていると、知恵が湧いてくるからなんだよ。

それで、うまくいくよっていう話。


それとね、知恵の神様は神道でいうと、鹿島様（武甕槌大神《たけみかづちのおおかみ》・鹿島神宮の御祭神）と香取様（経津主大神《ふつぬしのおおかみ》・香取神宮の御祭神）なんです。

通常、この二神は「武人の神」って言われていてその通りなんだけど、それだけじゃなくて、「知恵の神様」でもあるの。

なぜかっていうと、鹿島様は〝雷〟の神様なの。要するに〝ひらめき〟の神様なの。

香取様は経津主大神といって、経津《ふっ》とは「知恵がふつふつと湧き上がる」っていうことなんだよね。

だから、私はこの二神を自分の守り神だと思ってるんです。

「ワクワク」していれば
アカシックレコードとつながって、
天のひらめきが得られる

ひとり

「明るくしている」「楽しくしている」ことは
大事な仕事。それだけで
いいアイデアが湧いてくる

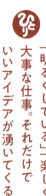

祓詞

心の闇を打ち払う最高の祓詞「白光の誓い」

はなゑ解説

神社に行くと、穢れが祓われます。

知らない間に溜め込んでしまった心の汚れや闇を祓うためにも、たまに神社に行くのはいいことです。

神社はその土地の一番いい〝気〟の場所に建てられていて、常に祓い清められているので、行くだけで気持ちが晴れるのです。

神社でお祓いをしてもらうとき、神社の神職が特別な「祓詞《はらいことば》」でお祓いをしてくれますが、何も特別な祓詞を使わないと穢れや闇が祓えないわけではありません。

私たちが使う言葉自体に神が宿るのです。

それが**「言霊」です。**

普段からいい言葉を使っていれば、自然と闇は祓われます。

つまり、**いい言葉そのものが祓詞になるのです。**

だから、普段から「愛してます」「ツイてる」「うれしい」「楽しい」「感謝してます」「しあわせ」「ありがとう」「ゆるします」といった『天国言葉』を使うようにして、「恐れている」「ツイてない」「不平不満」「グチ・泣きごと」「悪口・文句」「心配ごと」「ゆるせない」などの『地獄言葉』は使わないようにすることです。

さらに、最高の「祓詞」を伝授します。それがこれです。

「白光の誓い」
自分を愛して　他人を愛します
優しさと笑顔をたやさず
人の悪口は決していいません
長所をほめるように努めます

これは闇を祓う最高の言葉です。毎日、口に出して唱えるようにしましょう。

最高の祓詞「白光の誓い」を毎日唱えて、楽しい人生を送る

ひとり

いい言葉がいい人生を創る。「白光の誓い」と「天国言葉」で人生を楽しもう

お笑い

「お祓い」よりも強力な「笑い」

はなゑ解説

「お祓い」は、日本の文化そのものです。

祓うことで自分の中にあるすべての失敗も、過ちも、罪も因果も消すことができます。

過去や起きたことを反省するのではなく、祓ってしまえば元の、キレイな魂が出ると考えられているのです。だから、神社には「教え」がありません。たとえば他の宗教なら怒りに対して「怒ってはいけない」とか「許しなさい」と教えます。

しかし、神道の場合はとにかく**「祓いなさい」なのです。**

だから、怒りなどの嫌な気持ちやモヤモヤが湧いたら、ただ祓えばいいのです。つまり、お祓いは「心の大そうじ」なのです。

それを「怒ってはいけない」と自分の気持ちを無理やり抑え込むと、モヤモヤが別の悪いタネを蒔いてしまい、さらに悪いことにつながってしまう。

つまり、余計に自分の心が穢れ、悪いものを引き寄せてしまうのです。

日本は神道の国であり、お祓いの国です。

ですから、何かあればとにかく「お祓い」。これが大事です。

一人さんは、こう言います。

「『お祓い』よりも上があるよ。それは**『お笑い』だよ（笑）**」

心の底から笑えた瞬間、その明るい波動がワクワクに通じ、祓われているか、それ以上の効果があるのです。

「お祓い」は大事。「笑い」はもっと大事

ひとり

何かあれば神社にお参りに行こう。
そしてよく笑おう

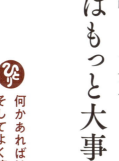

溜めない

1秒たりとも嫌なこと、落ち込むことは考えない

はなゑ解説

一人さんはいつも、自分がワクワクすることを考えています。

自分が落ち込んだり、嫌な気分になることに、1分1秒でも自分の頭を使わないのです。

たとえば、車で目的地に向かう途中に渋滞にあったとします。

そんな時も、決してイライラすることはありません。

なぜなら、**イライラしてしまったら、別のイライラをオーダーしてしまうことを知っているからです。**

また、一人さんが人前で話す時は、聞いた人がクスッと笑ったり、聞いている人が自然とワクワクするようなことを意識して話します。

ですから、みなさんも、何があっても落ち込んだり、イライラしたり、怒ったりするのではなく、ワクワクするようなことに意識を向けられるようになってください。

ただ、多くの人が間違えてしまうのは、湧き上がってくるネガティブな気持ちを戻したり、押さえ込んだりすること。

たとえば、嫌な人がいたとします。

それを「ムカついちゃいけない」と自分の気持ちを押さえつけないことです。

それでは、自分の心の中に溜め込んでしまうだけです。

ではどうすればいいかというと、「こいつ、ムカつくな！　でも、こんなヤツのために私は自分の機嫌を悪くしないぞ！」と思うことです。

ずっとムカつきがおさまらない人は、自分がムカついていることを自分で認めていないのです。「そう思っちゃいけない」と思うから、ずっとそれを自分の中に溜め込んでしまっているのです。

たとえていうなら、生活で出た生ゴミをずっと、自分の家に溜め込んいるようなものですね（笑）。

ではどうすればいいかというと、**やっぱり「祓う」ことです。**

キリスト教なら、自分の罪を懺悔《ざんげ》して神に対して許しを請いますが、神道は違います。ただ、祓うのです。

人の犯した罪や悪い因果は祓えば魂の穢れが落ちて、そこからキレイな魂が出てくると考えるのです。

そのキレイな魂とは何かというと、「愛と光」です。

その「愛と光」とは、楽しくて、面白くて、ワクワクするものなんです。

1秒たりとも、嫌な思いや考えにとらわれない

ひとり

ネガティブな感情が湧き起こったら、それを認めつつも自分の機嫌は悪くしない

素直

ムカついた時、すぐに嫌な感情を捨てる方法

はなゑ解説

「ムカつく」とか「苦しい」というネガティブな感情は、それ自体が悪いわけではありません。

「ムカつく」のにも、「苦しい」にも、そう思う理由があるからです。

それをちゃんと、自分の中で理解し、変えることができることは改善し、いらないものはとっとと捨てる。

ちょっと汚い話ですが、吐きそうな時は吐いた方が楽になりますよね。

それをずっと我慢したり、飲み込んだりすると、さらに気分が悪くなります。

それと一緒です。

世間には、嫌な人っています。それを「ムカついちゃダメ」ってやると、自分が苦しくなってしまいます。

ムカついたらその気持ちをポイポイ捨てて、いい人のことを考える。

たとえばこれは、ある人気ブロガーさんの話です。

その方のブログはすごく人気があるのですが、中にはその人のことを非難したり、中傷したりする人がいるそうです。

その方があるインタビューで、「いろんなことを言われて傷つきませんか？」と聞かれました。

それに対してその方は、「私の魂は傷つかないけど、私の心はムカつきます」と言ったそうです。

これって、とってもいいと思います。

これが、**「自分に素直になる」ということです。**

嫌な奴は、嫌な奴でいいのです。

ムカついたら、それを溜めずにポイっと捨てる。

そうやっていつも自分の中に嫌な感情を溜め込まず、常に祓っていれば、心は自然とワクワクに向かっていくのです。

ムカついた時は、「私の魂は傷つかないけど、私の心はムカつきます」

ひとり

嫌な感情を常に祓っていれば、心は自然とワクワクに向かう

魂の夜明け

「因果のない、ワクワクした世界」の住人になる

はなゑ解説

人類は今、「魂の夜明け」の時代を迎え、これからさらにその流れは早くなります。そしてそれはさらに「二極化」されていくでしょう。

魂の夜明けに気づき、心からのワクワクを選択する人と、昔の観念にとらわれたままで、自らのワクワクを選ぶことができない人。

さらには、自分の因果をさっさと祓って次に進める人と、いつまでも自分の因果にとらわれたままの人との差がハッキリと表れます。

私がみんなを連れて行きたいのは、「因果のない世界」です。

その世界の価値観は「ワクワク」であり、判断基準も「ワクワク」です。

お互いのワクワクを尊重し、助け合い、ともにワクワクし合う世界です。

過去にどんな因果を背負っていても、関係ありません。

今世でどんな失敗をしたとしても、過去の因果も含めて、すべて一瞬で祓うことができます。

「がんばらないといけない」と思っている人は、いつまでも「がんばらないといけない世界」に住み続けることになります。

でも**「がんばること」よりも「ワクワクすること」を選べば、その人は一瞬で「因果のない、ワクワクした世界」の住人になれるのです。**

アセンション（次元上昇）はすでに始まっています。

あなたはこの流れに乗りますか？

それとも、今までの知識や価値観に固執しますか？

因果を祓って、前に進むと
想像を超えた世界が見えてくる

アセンションはすでに始まっている。
従来型の価値観にとらわれないで前に進もう

はなゑ解説

最短距離

幸せになるための「最短距離」を教えます

「もともと、因果はいらない」

それが、幸せになる最短距離です。

最短距離を進むためには、まず祓います。

そうすれば、悪い因果や不必要な潜在意識とは、無関係に生きることができます。

次に必要なのが、脳がいつでもワクワクにつながることができる回路を作ることです。

ワクワクとつながると、そこには「道」ができます。

一度つながれば、道ができるので、次につながりやすくなるのです。

そこにつながることができれば、過去にどんな因果を持っていようが、過去にどんなトラウマを抱えていようが関係ありません。

出身がどこで、どんな生い立ちで、どんな学歴で、どんな体験をして来たとしても、今いるところからすぐに幸せになれます。

それが、ワクワクにつながるということなのです。

ワクワクとつながることは、「あなたが思い描いていた『夢』と共に生きる」ということでもあります。

『ジョーズ』や『未知との遭遇』、『E．T．』『ジュラシック・パーク』『レディ・プレイヤー1』など、数々の名作映画を作り出した映画監督スティーブン・スピルバーグはこんな言葉を残しています。

「私は夢を、夜に見ない。一日中見ている。私は、生きるために夢を見続けているのだ」

スピルバーグ監督もきっと一日中ワクワクとつながっているから、あれだけ素晴らしい作品を作り続けることができるんですね。

脳がすぐにワクワクにつながる回路を、つくっておく

ひとり

一度その回路がつながると、次もつながりやすくなる

幸せ

小さな幸せを数えると、大きな安心が手に入る

私は、一人さんが作ったこの詩が大好きです。

私はいつも小さな幸せを数えます
一つ数えると一つ花が咲きます
二つ数えると二つ花が咲きます
たちまち私の心はいちめんの
お花畑に変わります

ひとり

はなゑ解説

今、あなたの目の前にある、どんな小さな幸せのタネでもいいから、それを見つけてください。

その小さなタネが心の畑で育って、やがては一粒万倍になって実ります。

もし、今のあなたが苦しかったとしても、その感情は心にできた闇のせい。

そんな時は心の大そうじをして、心のモヤモヤを吹き飛ばしてください。

一人さんはいつも言います。

「幸せになりたかったら、今、幸せになっちゃいな」

って。

こうなれば幸せ、ああなれば幸せって、幸せになるのに条件をつけ出すと、いつまでたっても幸せになれません。

それよりも、**「今、幸せになる」**。

手があって幸せ、ご飯が食べれて幸せ、住むところがあって幸せ、目が覚めて幸せ、息ができて幸せ……と、今の幸せを数える。

そうやって小さな幸せを数えていれば、それがワクワクのエネルギーとなって、途端に引き寄せるものが変わります。


一粒万倍。

小さな幸せのタネが、あなたの心の畑で万倍にもなるのです。


今、一人さんがずっと言い続けてきたことを、多くの人が証明しようとしています。

しかし一人さんは、「神様の真理を証明しようとしたら、千年かかっちゃうよ」って言うんです。

でも、大丈夫。

真理が証明されるのを待つ必要はありません。あなたはその真理に乗っています。

これからあなたに起こることが、そのことをきっと、証明してくれますから。

小さな幸せを数えれば、誰でも今すぐに幸せになれる

(ひとり)

小さな幸せに気づける人が大きな幸せを手に入れる

著者の「おわりに」

この本はとても楽しい本です。
そして、あなたと私にワクワクを運んできます。
本当だよ（笑）

斎藤一人

著者略歴

斎藤一人（さいとう　ひとり）

実業家、「銀座まるかん」（日本漢方研究所）の創設者。

1993年以来、毎年、全国高額納税者番付（総合）10位以内にただ1人連続ランクインし、2003年には累計納税額で日本一になる。土地売却や株式公開による高額納税者が多い中、納税額はすべて事業所得によるものという異色の存在として注目される。

著書に『変な人の書いた成功法則』（総合法令出版）、『微差力』（サンマーク出版）、『絶対！ よくなる』（PHP研究所）、『使命　いますぐ楽しくなる、一生楽しくなる』（KADOKAWA）、『斎藤一人　絶対、なんとかなる！』（マキノ出版）などがある。

監修者略歴

舛岡はなゑ（ますおか　はなえ）

斎藤一人さんの名代。

東京都江戸川区生まれ。喫茶店「十夢想家」で斎藤一人さんと出会い、事業家に転身、成功をおさめる。さらに、一人さんの教え——本当の自分に気づき、幸せで豊かに生きる智恵——の面白さを体感できる、今までにない「楽しい妄想ワーク」を開発。一人さんの教えをお口伝えする講演活動を行う。また、一人さんの教えの実践版「美開運メイク」の講師養成、癒しのセラピストの養成、そして執筆活動と、活躍の幅を広げている。

著書に、『斎藤一人 奇跡のバイブル』『斎藤一人 悩みはなくせる』（ともにＰＨＰ研究所）『斎藤一人 奇跡を起こす「大丈夫」の法則』（マキノ出版）『斎藤一人 この先、結婚しなくてもズルいくらい幸せになる方法』（宝島社）ほか多数。

「舛岡はなゑ講演会」「美開運メイク」「斎藤一人 生成発展塾 舛岡はなゑスクール」に関するお問い合わせは、
銀座まるかん オフィスはなゑ　☎03-5879-4925

「思い」が現実になる
斎藤一人　人生がなぜかうまくいく人の考え方

2019年4月13日　第1刷発行
2021年9月28日　第4刷発行

著　者　斎藤一人
監　修　舛岡はなゑ

発行者　長坂嘉昭
発行所　株式会社プレジデント社
〒102-8641　東京都千代田区平河町2-16-1
http://www.president.co.jp/
電話：編集(03)3237-3732
販売(03)3237-3731

ブックデザイン　池上幸一
出版プロデュース　竹下祐治
編集協力　越智秀樹(OCHI企画)
編集　岡本秀一
制作　関 結香
販売　桂木栄一、高橋 徹、川井田美景、森田 巌、末吉秀樹
印刷・製本　凸版印刷株式会社

ISBN978-4-8334-2318-2

Printed in Japan
落丁・乱丁本はおとりかえいたします。

斎藤一人さんとお弟子さんなどのサイト

柴村恵美子さんの

ブログ　https://ameblo.jp/tuiteru-emiko/
ウェブサイト　http://shibamuraemiko.com/

みっちゃん先生の

ブログ　http://mitchansensei.jugem.jp/

宮本真由美さんの

ブログ　https://ameblo.jp/mm4900/

千葉純一さんの

ブログ　https://ameblo.jp/chiba4900/

遠藤忠夫さんの

ブログ　https://ameblo.jp/ukon-azuki/

宇野信行さんの

ブログ　https://ameblo.jp/nobuyuki4499/

高津りえさんの

ブログ　http://blog.rie-hikari.com/

おがちゃんの

ブログ　https://ameblo.jp/mukarayu-ogata/

恋川純弥さんの

ブログ　https://ameblo.jp/abcdefg-1234-0306/

恋川純さん（桐龍座 恋川劇団）の

ウェブサイト　http://koikawagekidan.com/

斎藤一人さんの公式ブログ

https://ameblo.jp/saitou-hitori-official/

一人さんが毎日、あなたのために、ついてる言葉を日替わりで載せてくれています。ぜひ、遊びに来てください。

舛岡はなゑさん最新情報

監修者、舛岡はなゑさんの最新情報については以下をご確認ください。

YouTube
はなちゃんねる

舛岡はなゑ
講演会日程

※ブログ
https://ameblo.jp/tsuki-4978/

※インスタグラム
https://www.instagram.com/masuoka_hanae/?hl=ja

一人さんファンなら、一生に一度はやってみたい

大《おお》笑《わらい》参《まい》り

無料 ハンコを9個集める楽しいお参りです。
9個集めるのに約7分でできます。

場所:
一人さんファンクラブ
JR新小岩駅南口アーケード街徒歩3分
年中無休(開店時間10:00〜19:00)
東京都葛飾区新小岩1-54-5
電話:03-3654-4949

金運祈願

恋愛祈願

就職祈願

合格祈願

健康祈願

商売繁盛

ひとり

本書の2大特典

特典❶ 一人さんの生音声「天のひらめきの話」

本書の第4章で書かれている「天のひらめき」についての一人さんの生音声を聞くことができます。

特典❷ 一人さん書き下ろし「一笑万倍」カード

この「一笑万倍」は、読者へのプレゼントとして、一人さんが新たに書き下ろしたものです。
巻末のカバーのカードは、持ち歩いたり、家の中に飾ったりしてみてください。